CLAUDIA CERVANTES

AGUILAR

D. R. © Claudia Cervantes, 2013.
Soltera pero no sola

De esta edición:
D. R. © Santillana Ediciones Generales, S.A. de C.V., 2013.
Av. Río Mixcoac 274, Col. Acacias.
México, 03240, D.F. Teléfono (52 55) 54 20 75 30

Primera edición: agosto de 2013.

ISBN: 978-607-11-2721-1

Diseño de interiores y de cubierta: Fernando Ruiz Zaragoza

Impreso en México.

PRISA EDICIONES

A Andrés Roemer, por ser el detonador emocional y literario de esta obra.

ÍNDICE

INTRODUCCIÓN

Aun año del estreno de mi monólogo musical, el 6 de octubre del 2011, y de continuar en cartelera *Soltera pero no sola*, me reconozco una mujer más fuerte profesional y emocionalmente.

En estas páginas confesaré muchos secretos que van a desenmascarar al personaje de mi monólogo, la psicóloga y locutora Elena Torres quien separa a los que se odian y une a los que aún se aman, y mostrarán a la actriz y autora de una obra que ha hecho reír, llorar y reflexionar a muchas personas, sobre todo del género femenino.

Curiosamente, cuando escribí la canción *Soltera pero no sola*, estaba soltera y en plena decepción amorosa. Resulta que un amigo con derechos, de quien llevaba años enamorada, sin más, se casó. En realidad era el príncipe azul con quien me hubiera gustado formalizar la relación y tener familia, pero él eligió, por *timing*, a alguien más. ¿Cómo superar la pérdida de una ilusión no manifiesta antes? De la misma manera en que desde niña aprendí a desahogar el amor y el dolor: escribiendo.

En un encierro de los que yo llamo "semanas de pijama", un domingo antes de la ceremonia de los Óscares, sentada frente a la televisión, comencé una catarsis monstruosa e imparable que me permitió escribir vertiginosamente treinta páginas de un jalón. Mi frustración más grande había pasado ya. Sí, no me había casado con mi príncipe azul.

Entonces busqué consuelo en un sapo por completo opuesto a él, quien terminó por dejarme también. Fue así que decidí que mi felicidad no dependería de la presencia o ausencia de los hombres que amaba, comenzando por mi papá y otro hombre amado que murió enfermo de cáncer a los 84 años.

Por mi experiencia, comprendo a todas las personas que eventualmente se sienten solas en este mundo. Quiero compartir con todas ellas lo que he aprendido para sobrevivir a los estándares sociales que exigen vivir en pareja o seguir las reglas como si fueran parte de un manual que garantiza el éxito. ¡No es así! Cada persona tiene distintas necesidades, empezando por las afectivas, porque nuestras historias, por muy parecidas que sean, tienen un pasado diferente y un destino por construir.

Al escribir ahora comprendo que extrañaba sentarme frente a la hoja en blanco para platicar, sin censura, lo que pienso y siento. Desde hace 52 semanas solamente repito mis palabras entrelazadas por la representación de un hilo emocional profundo e intenso, que comienza en la primera llamada y termina con los aplausos y la caída del telón.

Sobre el escenario he sido espejo de mujeres solteras, juntadas, amantes, casadas en crisis, separadas, divorciadas, viudas, reclusas, lesbianas. Sin importar religión, nacionalidad o clase social, algunas sintieron timidez por llegar solas a ver mi obra y salieron de la función orgullosas de su libertad, dispuestas a amarse sin culpa, porque antes les habían hecho creer que sin pareja estaban incompletas o no eran lo suficientemente valiosas para merecerla.

Algunos hombres del público que tenían novia descubrieron que no son comprendidos porque ellas mismas viven confundidas. También me sorprendí gratamente al conocer parejas excepcionales, con más de 50 años juntos o recién iniciando un matrimonio, riendo de las anécdotas de mi personaje, mujeres satisfechas de haber elegido por las razones adecuadas a sus maridos quienes, bien educados por sus madres, distan mucho de ser patanes.

Los cuentos románticos de nuestra cultura ya no corresponden a la realidad. Estamos desintegrados individualmente y así es difícil estar preparados para un compromiso eterno. Nuestra educación sexual es muy limitada y además la sexualidad se asocia al pecado. Esta mentalidad nos aprisiona porque estamos expuestos a la poligamia de manera continua: ser monógamos es antinatural pero es lo correcto, aunque constantemente sufrimos por la infidelidad propia o de quienes amamos.

Crecí en un ambiente donde predominan los hombres y me volví su amiga, cómplice y aliada. Era natural que me enterara de sus travesuras. Después comprendí que esta conducta, que al principio parecía divertida, al final dejaba a las personas con una sensación de vacío. Me volví desconfiada del amor cuando fui testigo de cómo alguien aparentemente decente o con bajo deseo sexual, le ponía los cuernos a quien sería la madre de sus hijos.

¿Qué remedio? Buscar a un compañero afín, leal y discreto a quien admirar y, en caso de ser necesario, cerrar los ojos a la antigüita para no sufrir cuando caiga en tentación. Aunque hay que decir que la balanza está equilibrada; la infidelidad femenina es un hecho, como también lo es que se practica con más inteligencia y creatividad.

La tecnología permite establecer y mantener contacto con gente en la que piensas y deseas demostrarle cariño. Por lo mismo, descubrir que tu pareja tiene amistades cariñosas, aunque virtuales, ha sido el comienzo de la desintegración de muchas familias: es evidente cuando en casa se han perdido las muestras de afecto pero expresiones de cariño externas llegan de un número desconocido vía mensaje de texto.

Es esencial hacer un viaje a nuestro pasado sentimental para recuperar la pieza extraviada que nos impide experimentar el amor sin miedo y para entender la soledad como un estado reflexivo de autoconocimiento. Justo así podemos descubrir las debilidades que nos aquejan y necesitamos trabajar para reconstruirnos, antes de que la enfermedad o la depresión nos invadan cuerpo y alma.

Si la soltería es un estado civil, supongo que es opcional y vocacional con todos los derechos y obligaciones que implica, como quienes contraen nupcias o deciden entregarse a la castidad de una vida religiosa. "Elegir es renunciar", dijo Calderón de la Barca. Por eso, lo importante es responder: "¿Qué quiero?"

Sufrimos cuando dejamos de ser consistentes, cuando perdemos de vista nuestros ideales y actuamos para complacer las necesidades ajenas descuidando las propias. Es de sabios cambiar de opinión, así como es de necios quejarse sin hacer algo para cambiar.

El ser humano es sociable por naturaleza, a excepción del ermitaño que guiado por sus creencias prefiere aislarse del mundo urbano para alcanzar una relación más perfecta con Dios. Incluso en el desierto, Jesús nunca estuvo solo porque fue fiel a sí mismo y, aún después de muerto, su nombre nos acompaña. Ésta es la verdadera trascendencia.

Así, este libro es, básicamente, la historia de una mujer emprendedora que busca el sentido de su vida en el arte de crear personajes a partir de conocer su alma y descubrir su esencia, una guerrera que ha sembrado todo lo que está en sus manos y aún no encuentra al hombre de su vida, o quizá lo conoció pero dejó que se fuera por la incapacidad de asumir un compromiso permanente, y que está lista por si nunca llega.

También cuento cómo el complejo de Electra determina la mala elección de nuestras parejas. Sí, es un hecho, el hombre "indicado" no llegará hasta que, a través de una terapia, reconozcamos, enfrentemos y superemos el patrón inconsciente construido a partir de fracturas emocionales.

¿Qué reflexiones deseo compartir? Son varias, y de algún modo se relacionan con una pregunta que todos hacen: "¿Por qué una mujer tan guapa, inteligente y simpática está sola?" ¡Pinche pregunta! Les diré cómo he aprendido a fortalecerme y por qué elijo amores cuasi platónicos, por miedo al abandono, si no los tengo, tampoco los pierdo, pero me doy el gusto de disfrutarlos por momentos que suman instantes de felicidad.

Si hay algo que no he aprendido es a aguantar el dolor cuando una relación se complica; es irresistible el miedo que siento de que el novio en turno me deje y mis fuerzas sean insuficientes para retenerlo. De manera absurda, soy yo la que abandona la relación antes de luchar hasta las últimas consecuencias, como si de verdad quisiera estar sola. Pero hoy sé que lo hago porque he aprendido a protegerme de esa manera.

El sacrificio del éxito, menos vida social, salud, por tanto: costumbre de la soledad. Impotencia de poder salir a divertirme pero pagar el precio de no triunfar por la disciplina que requiere construir el terreno. Llenar de agua el mar para llegar a una isla y algún día descansar. De este mundo no me llevaré nada, lo dejo todo.

Voy a abrir el corazón, despedir la depresión, el insomnio, los vicios y la ansiedad, pues sé que soy más fuerte ya. Voy a entregarme al placer, voy a ser mi amiga fiel, pues la vida es un instante y los prejuicios desgastantes.

Soy soltera pero no estoy sola, me acompaña mi felicidad, abro mis alas cada mañana, no estoy atada a nada, a nadie, vivo en libertad.

Cantaba todos los días mi canción para no deprimirme, y proyectaba la fuerza de una mujer libre y llena de amor. Éste fue el espejo que atrajo a un hombre necesitado de cariño, recién rechazado por su esposa y despojado de sus hijos pequeños. Fui el alimento perfecto de quien buscaba un bastón para no cojear, una aspirina para adormecer la molestia. Se mostró ante mí amoroso, su máscara tenía los colores que su alma necesitaba porque su corazón estaba oscuro y apenas lo pude sombrear.

Me di una oportunidad, comencé un noviazgo que implicó repetir todos los patrones de mi pasado que no habían funcionado: un hombre maduro por su edad, yo 32 y él 48, separado y sin divorciar de su segundo matrimonio, exitoso en su carrera profesional, vivía en otro país y tenía dos hijos pequeños.

Al principio todo era mágico, el uno para el otro en el intercambio de carencias, así fue hasta que nos alcanzó la realidad y decidió estar más cerca de su familia. Para mí fue el principio del fin. Aunque admiraba sus deseos por reintegrar el núcleo que daba sentido a su vida, yo sentí como si después de ponerme la camiseta del equipo me mandara a la banca porque no acepté que mi contribución a sus intereses implicara renunciar a los míos.

Lo intenté hasta que terminamos, mi presencia resultó incómoda en un panorama de inseguridad que le pertenecía y su ausencia me tenía justo en el lugar en el que no quería estar. Yo deseaba tener a alguien que también me cuidara, pero dejé de ser su prioridad, al menos la que en el principio parecía ser.

¿Cómo volver a ser *soltera pero no sola* cuando me sentía lastimada? La repetición de mi monólogo cada semana me salvó, los consejos de la locutora Elena Torres me hicieron volver a la congruencia de lo que mi inconsciente algún día puso en palabras.

En este libro narro todas estas experiencias a través de una historia en la que el personaje de Mariana Gálvez, actriz soltera que quiere ser cantante, se enamora de Roberto Quintana, piloto de carreras en proceso de divorcio. Ella descubre sus anhelos y celos velados hacia su padre desde la infancia, por la preferencia que mostraba a sus hermanos, y se da cuenta de la necesidad de ganarse ese cariño en hombres mayores que la protegieran o bien que ella pudiera redimirlos. Ése era el patrón que patológicamente la movía a elegir a sus parejas en el intento fallido por recuperar una ausente figura paterna. Mariana y Roberto son exitosos profesionalmente, ambos tienen un carácter por el que caen bien; pero a nivel interno, aunque a simple vista de sus fans no lo parezca, guardan muchos resentimientos convertidos en sacrificios para triunfar en su carrera, los cuales mostrarán con sus acciones al obstaculizar su relación. Necesitan liberarlos para encontrar de nuevo paz en el amor, antes de volver a buscarlo y lastimarse. Se sirven de espejos para recuperarse a sí mismos, enfrentar el miedo, la culpa y aprender a perdonar.

Antes del matrimonio existe el paraíso o el infierno de la soltería, cada quien hace sus propios experimentos de acuerdo con su herencia de amor y los traumas familiares. Es un laboratorio donde está permitido equivocarse de pareja y volver a experimentar sin tantos trámites, con la finalidad de conocerte hasta descubrir lo que realmente deseas, lo que eres capaz de dar y recibir.

Muchas mujeres creen que si no tienen una relación formal están incompletas y son mal vistas socialmente, por lo que viven con este complejo que les impide desarrollarse plenamente en la eterna búsqueda de respuestas para ser felices. Algunas otras quizá creyeron haberse casado con su príncipe azul pero al pasar los años esperan un nuevo mesías. Nos han vendido que casarnos es un requisito, un sacramento, un símbolo de éxito casi obligatorio para ser aceptables y tener una familia dentro del marco moral y legal. Yo no quiero venderles que la soltería es la salvación ni lo más conveniente, se necesita valor para enfrentarse a los problemas con fe y seguridad. La soltería es una condición humana para elegir de manera independiente cómo quieres vivir el resto de tu vida y con quién deseas compartirla es una actitud de autonomía, amor propio y libertad que ni siquiera en pareja debería perderse. En la intersección de dos personas hay tres partes, ninguna debe anular a la otra, sino respetarse y potenciarse antes de multiplicarse.

Piensa que si no eres capaz de cumplir tu propia dieta, será difícil que puedas comprometerte con alguien más y exigir que se comprometan contigo. La vida es un acto de voluntad. ¡Atrévete a vivir el amor en todas sus facetas hasta que sepas cuál es la que mejor te queda!

El final feliz de un libro para solter@s no es terminar en pareja, sino que cada pareja que terminamos nos haga ser mejores personas.

CITA A
CIEGAS

Un domingo de septiembre, a las tres de la tarde, Roberto Quintana me esperaba en un restaurante para conocernos. Estaría un mes de visita en México. Rubén, su amigo de la infancia –y quien algún día me invitó a salir, pero fluyó mejor la amistad–, nos contactó. Como yo estaba soltera y Roberto en proceso de divorcio, Rubén consideró que podríamos llevarnos bien pero nunca esperó que fuéramos a enamorarnos al instante.

Roberto es un reconocido piloto de carreras. Aunque confieso que mi cultura deportiva es limitada, su nombre me era familiar y eso me dio la oportunidad de tratarlo en una comida y saber más de su vida, que seguro sería interesante.

Esa noche tenía programada una sesión en el estudio para grabar dos canciones de mi disco, cuyas letras fueron escritas por mí. A esas alturas ya había descubierto que, como actriz, el personaje que quiero representar en la vida real es el de cantautora. La música es el lenguaje universal que viaja rápidamente con historias que puedan ser escuchadas muchas veces a través del tiempo y el espacio, pueden interpretarse frente al público o plasmarse en un videoclip.

–¡Hola!

Nos saludamos con un abrazo como si ya nos hubiéramos visto antes. Su energía me gustó al instante. Me esforzaba en recordarme que antes de esta cita me propuse con firmeza que sólo lo trataría como amigo aunque sintiera atracción, pues mi experiencia con hombres separados no había sido buena.

Sentí reciprocidad de su parte. Mientras degustábamos ricos platillos japoneses, platicamos por cuatro horas de nosotros y nuestras profesiones. Lo habían entrevistado por teléfono hacía unos momentos: ese fin de semana acababa de subirse al podio en Monterey, California; corría un prototipo patrocinado por una prestigiosa marca norteamericana. Vivía donde fabrican los mejores relojes, quesos y chocolates del mundo, en Europa. Le faltaba una carrera para concluir la temporada, y hasta marzo del año siguiente comenzaría una nueva en otra categoría.

Me atreví a preguntarle acerca de su familia. Lo único que sabía de él lo había leído en internet: casado con una modelo sudamericana, con quien tiene dos hijos pequeños. Lo importante era indagar las razones de su separación.

—Después de siete años casados, sin haber hecho nada malo, ella me dejó —me lo dijo con semblante de dolor e incomprensión. Me pareció un hombre sincero, exitoso, pero evasivo cuando intenté profundizar en sus conflictos emocionales. Al parecer toda la culpa era de su mujer, a quien describió como inmadura e ingrata, en relación con "la vida de reina" que él le había brindado.

Lo que Roberto sabía sobre mí también lo investigó en mi página web y comenzó a seguirme en twitter una semana antes de nuestro primer encuentro. Me preguntó cómo inicié mi carrera artística, y le conté que cuando tenía seis años me ilusionaba asistir a las fiestas de cumpleaños de mis compañeritos del kínder, que hacían en un salón llamado Sonrisitas. Allí había dos teatros y representaban obras de Disney, magia que fascinó mi existencia con sus personajes e historias en vivo. Cuando por primera vez pude darle la mano a Mickey Mouse quise descubrir qué había detrás de las botargas. Una vez, mientras esperaba a que mi mamá pasara por mí en la tienda de disfraces de la recepción, ansiosa por subirme al escenario le pregunté al maestro Reynosa, que dirigía las obras y hacía trucos:

—¿Cuánto cobran por salir ahí? —él sonrió y me respondió:

—No cuesta, nena, lo que tienes que hacer es pedirle permiso a tu mamá de que te hagamos una prueba, si tienes facilidad para actuar te llamaremos a los ensayos y cuando estés lista te presentarás, pero nosotros te pagaremos a ti cien pesos por cada función que hagas.

Entonces cien pesos equivalían a tres dulces de la tiendita, una moneda con la imagen de Venustiano Carranza. Me pareció sensacional la propuesta y de inmediato le pedí a mi mamá que me llevara a hacer el *casting,* —mismo que en la vida real sigo haciéndole a los galanes y a todas las personas que me rodean.

Mi idea sobre pagar para dar una función provenía de una asociación errónea del teatro con la feria, donde para subirse a un juego o ser parte de la diversión se necesita pagar y formarse. En el fondo no estaba tan equivocada, aún ahora me cuesta mucho mantener la temporada de mi obra de teatro y pagar la producción de mi disco, aunque espero el día en que alguien, al igual que el maestro Reynosa, se apiade de mí y me contrate para volver realidad la fantasía de mi infancia.

Comencé a ensayar, mi primera oportunidad fue representar al gracioso Pato Donald cantando. Mallas anaranjadas, pantalón con cola de peluche, saco azul, pantuflas gigantes, guantes de cuatro dedos, malla en la cabeza para recoger el cabello y, encima, la gran máscara con un hueco en el pico para poder ver. Aún recuerdo los pasos de baile, la técnica para fingir que hablaba: abrir los brazos y mecer el tronco hacia delante o de un lado a otro.

Al terminar la función había que subir una escalera, ubicada en el interior de los camerinos, y de ella al teatro en la planta alta, donde volvía a comenzar el *show.* Al final de las funciones yo era una niña privilegiada que salía por la puerta misteriosa a través de la que intentaba reconocer a los participantes de las obras que despertaron mi fascinación por los escenarios. Después me daban mi premio. Nunca lo vi como un pago hasta que mi mamá decidió que no debería continuar actuando: decía que era muy pequeña para trabajar sábados y domingos. Su decisión me entristeció pues yo quería seguir jugando; ya me había convertido en otros personajes fantásticos como el hermanito de Wendy en *Peter Pan*, payaso y amiga de Caperucita Roja; incluso logré animar a mis hermanos mayores, Sandy y Javier, a que fueran parte de estos espectáculos.

La magia terminó pero no mis ganas de perseguir mi sueño, el cual se ha vuelto inagotable porque cada vez que logro una meta, nace otra, y me gusta tener éxito; prefiero morir en el intento que perdiendo el tiempo.

Cuando eres niño los padres intentan adivinar qué serás de grande. A las mujeres las ven casadas con un "buen partido", y a los hombres los motivan a tener un buen puesto de trabajo o a ser dueños de empresas. Mi madre fue educada en un hogar muy católico y mi papá fue seminarista, de milagro se enamoraron y tuvieron tres hijos. Aunque se divorciaron, ninguno volvió a casarse. El tema de la sexualidad o noviazgos de sus hijas siempre fue motivo de escándalo, nunca se podía hablar con naturalidad al respecto. Por tanto, padecimos las consecuencias de interpretar mal, por su experiencia y a duras penas, lo que significa la vida en pareja.

A los seis años mi madre me llevaba junto con mis hermanos a clases de cualquier actividad recreativa que me entretuviera: órgano, judo, natación, tenis, pintura, guitarra, canto, cocina, hawaiano, gimnasia olímpica y ballet clásico. De todas las disciplinas anteriores —en su mayoría artísticas— la última fue la que más me estimuló. Las clases eran a la vuelta de mi casa, me iba caminando porque entonces no había tanta inseguridad en las calles.

Mi maestra se llamaba Bertita, una bailarina con formación rusa, canas pintadas de rubio y cuerpo de quinceañera. Era tan exigente en clase como dulce en su trato personal, y se volvió una de mis personas favoritas, de las que marcó mi forma de ver el mundo con delicadeza, disciplina y arte.

Además de entrenar en el salón con duela, espejos y barras de su casa, me invitaba a comer; cocinaba delicioso. También me hacía sentir que yo era capaz de vencer el dolor que sufría en los pies para fortalecer mis piernas y pararme de puntas. Me llevaba a ver, aunque fuera en video, ballets internacionales representando obras como *El cascanueces*, *El lago de los cisnes* o *Coppelia*. A sus alumnas nos contaba que su ex esposo le mandó operar las bubis porque casi todas las bailarinas son planas del pecho. Ella me inculcó la importancia de tener un cuerpo estético y llevar una alimentación balanceada, sin llegar a la anorexia.

Mi vida se llenaba con lo que ocurría en la cuadra: jugaba con los vecinos, a veces al doctor y con inocencia dejé que me exploraran; o a la bella durmiente accidentada, si me caía en el triciclo el príncipe me besaba y me salvaba.

Así se nos fue la tarde platicando a mí y a Roberto. Pasábamos de un tema a otro. Él me contó que se inició en las carreras también desde muy niño, le gustaban las motos y los autos por su familia paterna, aficionados a los coches. Su tío tenía un taller mecánico y un carro con el que competía. Se hizo adicto a la velocidad, la competencia y la adrenalina.

—Desde muy chavo deseaba ser piloto y triunfar a nivel internacional para continuar el legado de quienes eran mis ídolos, los hermanos Jiménez, pioneros mexicanos en la máxima categoría; ambos dejaron de existir trágicamente en las pistas por los años sesenta, misma década en la yo nací. La diferencia con ellos eran los recursos económicos que yo no tuve para iniciarme desde temprana edad –explicó Roberto.

–¿Cuál ha sido el motor de tu carrera? –le pregunté.

–Mi familia es el motor de mi vida y la meta. Aun cuando vivo lejos, ellos están conmigo. Siempre han creído en mí incondicionalmente, durante toda mi trayectoria han estado presentes aunque sea con una llamada para felicitarme o animarme. Sin ellos jamás habría arrancado, ni mucho menos recibido una bandera a cuadros.

Se sentía orgulloso al hablar de sus inicios. Su papá financió su primer coche con la condición de que continuara sus estudios académicos. Me contó que usó unos guantes y casco de moto prestados para su debut en Fórmula Nacional. Tenía talento pero no ganaba.

–La Fórmula K era la máxima categoría pero eran otros tiempos y las condiciones de las pistas no eran buenas, ni la seguridad. Nadie se quejaba, era lo que nos tocaba. Después continué en la Fórmula Ford y en 1983 debuté como Novato del Año. Fui subcampeón en 1986, tercer lugar en la segunda temporada de Fórmula K. Luego fui a Europa para comprar refacciones y mi visión del futuro cambió para siempre.

Lo escuchaba atenta, sin entender ninguna "fórmula" de sus carreras aunque en mi familia también había afición a los autos. Mi papá tuvo pista de Go Karts por mucho tiempo y desde que mi hermano tenía cinco años manejaba con pericia, pero creció frustrado ante su deseo de convertirse en piloto profesional. Por eso contarles que había conocido a Roberto Quintana les causaría envidia.

Yo odiaba los coches porque representaron la manipulación de mi papá para demostrar su cariño y hacer diferencia entre cada miembro de la familia, dependiendo del modelo que nos regalaba.

Recuerdo que mi primer coche fue un Volkswagen rojo, después le quitó a mi mamá su Mustang para dármelo a mí. Cuando me fui de la casa para siempre, me quedé con un Chevy, que luego fue Pointer y terminó en Sentra; también tenía que ver con las posibilidades económicas del momento. Hasta que un novio, con quien viví casi tres años y de quien hablaré más adelante, me compró un BMW.

Quedaba poco tiempo después del postre para que me tuviera que ir con mi productor y coautor a trabajar, pero quise estar más tiempo con Roberto; creí que si él no tenía otro compromiso en ese momento sería buena idea que me acompañara a la grabación. Lo invité y aceptó.

Nunca había grabado frente a alguien que no fuera mi *coach* o el ingeniero de audio. Esta vez tenía un poco de nervios pero a la vez esa sensación adolescente de lucirme frente a quien quería impresionar. Me metí a la cabina, me quité los zapatos, bajé la intensidad de la luz, bebí agua, me puse los audífonos y comencé a repasar las letras que esa noche grabaríamos. La primera canción se llama "Gitano", dedicada al bailaor español más seductor que he conocido, y el segundo título "El hombre de mi vida", curiosamente no se la escribí a nadie en particular pero sentía que tal vez él estaba frente a mí, escuchando detrás del cristal mis deseos e ilusiones.

Era de madrugada, y las ganas de seguir juntos permanecían en ambos. Decidimos cenar en uno de mis lugares favoritos porque están abiertos las 24 horas: sirven buen vino, mariscos frescos, caracoles, ensaladas y un *soufflé* de chocolate que tarda 30 minutos en el horno pero merece la espera.

Me fui a dormir satisfecha y feliz, había pasado una tarde haciendo lo que me gustaba y compartiéndolo con un hombre especial que disfrutó conmigo, o que quizá no tenía algo mejor que hacer en ese momento para distraerse de la soledad que le causaba el abandono de su esposa y el extrañamiento de sus hijos.

Desperté temprano para ir al llamado de la telenovela que estaba haciendo con una participación especial junto al primer actor a quien le dan siempre papeles de villano, Kiko Roca. Mientras esperaba mis escenas en el camerino recibí un mensaje de Roberto deseándome bonito día y proponiendo que nos viéramos de nuevo cuando terminara de grabar.

Así fue, lo alcancé donde estaba con sus amigos y después me siguió con su chofer a mi departamento para que no manejara sola de noche. Todavía queríamos decirnos muchas cosas pero yo tenía un dilema, ¿hacerlo pasar y que se asustara por mi desorden o quedarnos platicando por horas en el estacionamiento?

Me aguanté la vergüenza de que viera libros, papeles, ropa y trastes por todos lados, se me hacía peor dejarlo ir o la incómoda descortesía de conversar rodeados de autos (aunque para él tal vez eso era más habitual que mi desmadre, es alguien extremadamente cuadrado, estructurado y ordenado). Y no huyó.

> Siempre he creído que en el periodo de quedar bien cuando conoces a alguien es mejor mostrarte como eres y no decepcionar después; es parte de la opción que cada uno tiene de aceptar o rechazar algo antes de esperar que el otro cambie.

Tuvo que esquivar algunas cosas que tenía tiradas para llegar al sofá de la sala, donde ocurrió nuestro primer beso. Enseguida supe cuál sería la siguiente escena, pero nunca imaginé que a sus 48 años le llamaría a su mamá a media noche para avisar que se quedaría a dormir conmigo.

Amanecimos acalorados, mi departamento no tiene aire acondicionado; desayunamos algo ligero y antes de irnos cada quien a hacer sus cosas, le pregunté: "Si no regresas, ¿me dices por qué?" Me miró extrañado y enternecido por la naturaleza de mi pregunta, él no sabía de mi miedo al abandono. Le enseñé fragmentos íntimos de los diarios que conservo en cajones bajo mi cama, para dormir sobre mis pensamientos. En broma me preguntó si ahí también guardaba juguetes sadomasoquistas. "¿Te gustan?", respondí con otra pregunta. Quería aprender más de la conducta masculina que suele aterrarse cuando se involucra con una mujer intensa. Sabía que cuando te entregas a un chico después de la primera cita es muy posible que no te vuelva a buscar para algo serio, pero ambos nos dejamos llevar por lo que estábamos sintiendo sin medir las consecuencias de la velocidad.

Él se fue a casa de quien podía ser mi suegra y yo a grabar la telenovela. Una sensación de bienestar invadía mi cuerpo pero no quería emocionarme demasiado pues apenas era el comienzo de algo que incluso podía haber terminado: ninguna relación es segura aunque tenga título.

Camino a la televisora encontré mucho tránsito, encendí el radio para escuchar *Al aire con Elena* por la 69.G. Es el programa de una psicóloga que separa a los que se odian y une a quienes todavía se aman. Me identifico mucho con ella porque le pasan casi las mismas cosas que a mí. Da muy buenos consejos, aunque a veces me cae el veinte un poco tarde; entonces pienso que me hubiera gustado oírla antes de estar en ciertas situaciones, del tipo que te dejan enseñanzas sólo después de varios golpes.

Cuando sintonicé la estación estaba la canción que dice: "Harta de patanes, me levanté un día, me preparé un café, sin miedo a ser herida. Dejé el traje de heroína en la tintorería, sin perder mi fuerza ni mi autonomía." Pensé: "¿Cuántas mujeres salen a la calle todos los días con una fingida armadura y aparentan que son muy fuertes y no necesitan de nadie para sobrevivir, pero en el fondo lo que tienen es mucho miedo a ser heridas?"

A veces me he sentido así, impotente ante una sociedad machista que quiere tirar tus méritos cuando eres mujer y compites con ellos. Al terminar el tema musical la locutora, Elena Torres, dijo:

> Atención, mujeres que están pensando en casarse, piénsenlo dos veces antes de que sean víctimas de la presión social hacia un matrimonio destinado al fracaso. Descubran las bondades y desventajas de la soltería para que nunca pierdan su autonomía ni vayan a caer con las artimañas de un patán. Yo estoy segura de que todas hemos tenido por lo menos uno de esos en nuestra vida. Por favor llamen al teléfono en cabina, o escríbanme a twitter @alaireconelena, y díganme: ¿cuál es su definición de esta especie tan nociva para quienes todavía creen en el amor?

Al instante comenzaron a llamar muchas mujeres solitarias que necesitaban desahogar coraje, resentimiento y desamor:

—El que hiere tu corazón y tu alma —dijo Roxana, de oficio manicurista, y la primera radioescucha que llamó.

Entró otra llamada:

—Un hombre egoísta que no tiene palabra, que dice que quiere estar contigo toda la vida, tener hijos y a la mera hora sale con que su mamá dice que siempre no... Yo creo que eso no es un patán, sino un ¡pocos huevos! —de profesión veterinaria y enfadada con su ex novio.

De repente se escuchó la voz de un hombre que quería dar su opinión, no tenía acento amanerado pero dejó muy clara su definición:

—¡Es un pinche puto que no sale del clóset y engaña a todos los demás!

Elena se reía por las insólitas expresiones de su público y respondía compadecida por las víctimas que compartían sus sentimientos al aire; eran tantas las llamadas que no le dio tiempo de escuchar todas. Leyó algunos tuits que recibió con insultos y quejas acerca de los hombres que maltratan a las mujeres, de los cínicos que se consideran patanes o de los gays que también tienen sus patancitos.

Algunos nombres propios que personificaban al patán en turno de las radioescuchas.

—¡Juan! ¡Toño! ¡Eugenio! ¡Sebastián!

Elena continuó leyendo:

—Ególatra, irrespetuoso, lo contrario de un caballero, el que siente que no lo merece el mundo pero él merece todo; gandalla, abusivo, rufián, estafador, blofero, sin vergüenza, burdo, sin moral ni escrúpulos, ventajoso, alevoso, nocivo, naco, confianzudo, malandrín, cerdo, infiel, precoz, pobre diablo.

Me imagino que si había hombres escuchando esta emisión, una de dos: o se estarían sintiendo de lo más ofendidos, o se reían a carcajadas. Creo que a los hombres les gusta que los maltratemos un poquito, igual a nosotras, ambos somos un poco masoquistas pero, ¡ojo! Porque para arrastrarse están las víboras y tampoco hay que pasarse. Pero los adjetivos y las calificaciones seguían:

—El que desconfía de su mujer cada vez que no está con él. Muchacho con intenciones malditas disfrazadas de amor. Ignorante de la mujer y de sí mismo. Canalla con mala vibra. El que no valora cómo eres y te subestima. Machista engreído. Hombre que hace lo que quiere con la mujer que se lo permite. Padrote, el que tiene miedo al compromiso y varias mujeres para demostrar su hombría. El que deja plantada a una mujer y no le importa romper su corazón. Sale con varias a la vez, con ninguna se compromete y a todas les dice que las ama.

¡Cuánta hostilidad en el ambiente! A mí lo que no me gusta de los hombres es que le pongan monedas al parquímetro y no se estacionen. Nos dan alas para apartar su lugar pero cuando volamos no aterrizan con nosotras, entonces azotamos solas.

Yo me pregunto, ¿la mujer también puede llegar a ser patana? Creo que por cada hombre mal educado, surge una mujer lastimada que se vuelve una cabrona en potencia, y que por cada cabrona que aplica su venganza en el siguiente hombre que pretende entablar una relación con ella, nace un patán. Es un círculo vicioso que debemos cortar si queremos llevarnos bien.

Es a las mujeres a quienes, desde el hogar, nos corresponde educarlos para que sean respetuosos, valoren a su madre, a sus hermanas, a su abuela. Si lográramos erradicar tanto el machismo como el feminismo, buscando la manera de equilibrar nuestras fuerzas masculina y femenina dentro de cada ser, sin importar si se es hombre o mujer para complementarnos, las relaciones serían más sanas.

Después Elena dio su punto de vista:

> Según wikipedia, patán es la lengua de Afganistán o uno de los dioses mayas del inframundo. Pero según la Real Academia Española, dícese de un hombre ordinario y rústico. Algunos sinónimos: palurdo, soez, grosero, tosco, paleto. Pero la definición más neta me la dio un tío cuando me dijo: "Patán es aquel que te quiere coger y tan tan."

¡Caramba! Yo creo que lo de coger está bien, ¿pero el tan tan? Ahora que si piensan comerse a un patán, ¡por lo menos disfruten de su tan tan! Si tan sólo fueran más honestos en el planteamiento de sus coquetas intenciones, nosotras seríamos más abiertas y crearíamos menos expectativas al decidir compartir nuestro cuerpo, sin lastimar o lastimarnos.

Ahora entiendo lo que decía mi abuelita, quien pasó su juventud preñada y enviudó cuando esperaba a su doceavo hijo: "Abran bien los ojos y cierren bien las piernas." Pero disléxicas como somos, entendemos al revés. Por eso el último consejo que dio Elena fue: "Si se van a comer a un patán, por lo menos disfruten de su *tan tan*."

Me encontré en el artículo de una revista las estadísticas de mujeres casadas entre los 18 y 60 años en México.

Según el Instituto Nacional de Estadística y Geografía (INEGI), únicamente 39.6 por ciento de la población femenina está casada, por lo que el otro 61.4 por ciento está juntada, divorciada, viuda o supersoltera.

Yo formo parte de la estadística y pertenezco al último grupo. A mis 33 años el amor es libre, o sea, *free lance*. Todavía no firmo mi exclusividad con nadie y no necesito hacerlo para comprometerme. El problema es que los hombres no están acostumbrados a lidiar con mujeres tan independientes: se intimidan y se van. ¡Peor aún!, algunos son incapaces de ser el pilar de una familia.

Mientras me maquillaban en el foro pensaba en Roberto. Me pareció un hombre bondadoso, caballeroso, limpio en todos sentidos y me sorprendía su transparencia para dejar ver sus sentimientos. Yo no me percaté de la etapa vulnerable por la que estaba pasando. Él juraba que no volvería con su ex, lo veía muy difícil, aunque yo le conté de un ex novio que decía que era imposible que volviera y diez años después regresó un tiempo con ella. Simplemente se rio.

Cuando estaba en el camerino estudiando los diálogos de mis escenas, recibí un mensaje de Roberto en mi celular que decía: "Me encantó haber estado contigo."

Me sonrojé con picardía, nació en mí la esperanza de tener algo más con él.

No dejaba de mirar el reloj, mis llamados de la telenovela terminaban tarde y quería acelerar el tiempo para encontrarnos de nuevo. La siguiente cita fue esa misma noche, algo excéntrica y romántica. Me asombraba la disposición de tiempo que Roberto tenía para conocerme, su interés tenía un motor bastante potente.

Cuando estás muy ocupada pero quieres ver a alguien, inventas tiempo o se lo robas a la noche. Nos hospedamos en un hotel cerca de mi casa para que él no volviera a sufrir eso a lo que yo estoy acostumbrada: el calor infernal de mi departamento mal ventilado, hecho por arquitectos modernos que se ahorran lo que sus habitantes ni pagando pueden arreglar. Solamente pasamos a la sala de la *suite*; en la mesa había un arreglo floral de muy buen gusto, creí que era parte del hotel pero descubrí que él lo había pedido para mí.

Parecíamos dos seres identificándonos en cada historia que nos contábamos. Siempre dijo que yo triunfaría en mi carrera, le recordaba sus inicios. Ambos aprendimos a ser autosuficientes y padecimos el divorcio de nuestros padres. Platicamos hasta que sonó la alarma que había puesto previniendo quedarme dormida, sorprendida de lo distinto que era de los demás hombres que había tratado. Con la misma ropa que traía puesta me fui a grabar sin habernos recostado un solo instante. Esta prueba me dictó que entre nosotros había más que atracción física, definitivamente él no era un patán.

¿Y de qué tanto hablamos? Hicimos un recorrido cronológico de experiencias familiares que marcaron nuestra vida profesional desde la infancia y la adolescencia hasta los distintos trabajos que los dos realizamos para ahorrar e invertir en nuestro sueño. Los dos venimos de familias disfuncionales de clase media, llegamos a estudiar una licenciatura truncada, él ingeniería mecánica y yo filosofía y letras, porque para ambos el factor tiempo en nuestras carreras es importante. Por eso el "sacrificio" de la soltería: la vida social distrae cuando tienes metas que exigen alto rendimiento y disciplina.

Frente a mi casa, en la que crecí con mis papás desde que era bebé hasta los 18 años, vivía un viejito que me ofrecía chocolatitos y a cambio me pedía merengues que yo misma hacía.

Aún recuerdo la receta de lo que fue mi primer negocio, una auténtica merenguera: 1 taza de clara de huevo, 3 tazas de azúcar, ralladura de 1 limón, engrasar las charolas con mantequilla, prender el horno a 200 grados, preparar la mezcla lentamente en la batidora, hacer la fila de merengues con una cuchara y dejarlos cocer durante una hora. *Voilà!*

Me salían cien piezas y vendía tres por cien pesos; los ponía en la tapa del pan transparente y muy honda para llevármelos a un tianguis los sábados y venderlos. A mi tocaya, mayor que yo por un día, la motivaba a que hiciera galletas y ofreciéramos nuestra mercancía. Éramos las niñas emprendedoras, nos compraban todo seguro porque les causábamos ternura. Lo curioso es que nadie me obligaba a hacerlo, no tenía necesidad, como esas niñas que veo en las calles en la noche ofreciendo chicles y siento coraje; al contrario, a mí me producía placer ganarme diez mil pesos.

Con esta amiga compartí muchas historias arriba del árbol junto al kínder frente a su casa; era mi cómplice y víctima en todo. Cuando teníamos 12 años rentábamos motos a escondidas. En su casa nunca se daban cuenta de nuestras travesuras y ella era la única amiga con la que me daban permiso de quedarme a dormir. Ahora ella está felizmente casada con quien fue su novio desde la secundaria y tienen una hija rubia con ojos azules, será porque su carácter es más dócil que el mío.

Lo difícil de mi infancia fue que yo era precoz y me desarrollé antes que mis compañeras de la escuela. Entonces sentía que me veían raro, pero más bien yo era la que se sentía rara porque cuando todavía creía en los Reyes Magos, tremendo regalo recibí un 6 de enero: mi primera menstruación. Mi mamá ni siquiera me había explicado que eso me ocurriría; me asusté mucho y sentí pena al contarle lo que me había pasado, hasta que me dijo que era natural. No sabía cómo compartirlo con las niñas de mi edad quienes tardarían más años en experimentar drásticos cambios en su cuerpo como los que me sucedían.

A los diez comencé a usar corpiños notables abajo del uniforme. Un día me rasuré las piernas salvajemente con un rastrillo que me arrancó la piel y corrió sangre por la regadera. Copiando lo que estaba de moda en las niñas mayores, me hice permanente en el cabello para tenerlo chino; en la estética se negaban a hacerme más allá de un corte de cabello pero no les estaba pidiendo permiso; yo misma pagué por dicho servicio y al rato todas las demás de mi clase acudieron para hacerse lo mismo.

Me gustaba ahorrar, mi papá acostumbraba darme mi domingo y premio mensual si le entregaba puros nueves y dieces en mis calificaciones; bastaba un ocho para perder ese estímulo económico. Desde entonces aprendí a ganarme las cosas materiales, en vez de crecer sabiendo que las merecía; me da mucha pena pedir lo que requiero y crecí con la necesidad de demostrar a los demás que yo era capaz.

Desde la primaria me costó trabajo encajar en grupos de mujeres: aunque me juntaba con ellas, siempre sentía que yo no era igual; me excluían de los bailes y obras de teatro, como si no fuera lo suficientemente buena para pertenecer; aunque por otro lado, tenía mucho éxito con los chicos; hasta que en la secundaria los intimidaba porque tenía la estatura que hoy tengo −1.68 m descalza−, pero ellos todavía no se desarrollaban; después me rebasaron por cabezas.

A los hombres que atraía era a los de generaciones más avanzadas, los compañeros de mis hermanos, y a mí también me atraían ellos. Y aunque no me correspondía vivir ciertas cosas, experimenté a partir de varias desilusiones amorosas.

Otra consecuencia de este rápido crecimiento físico fue la crisis emocional: no entendía por qué mis amigas se alejaban de mí. Nos decían: "Blanca Nieves y las siete enanas", eran sentimientos propios de la diferencia llamados celos o envidia. No era mi culpa tener un cuerpo de 18 cuando apenas había cumplido 12 años, pero aprendí a vacunarme contra el daño que me causaba su rechazo.

Comencé a excluirme de los grupos donde mi presencia no era grata y preferí ser una mujer solitaria, poner a prueba a la gente que quería estar conmigo por quien yo era, y no por con quien me juntaba. Nunca olvidaré cuando llegué a un partido de futbol y alguien gritó frente a mí: "¡Escondan a Mariana!" Mi intención nunca fue robarles a sus novios, pero no sabía cómo ocultarme para que ellas no me rechazaran. Era dolorosa la discriminación que padecía por ser distinta al estándar.

Roberto me contó que él también fue un niño diferente a los de su edad. Su manera de canalizar los dramas familiares era fugándose en la velocidad. Las niñas le gustaban pero no eran su prioridad, no lo fueron ni siquiera cuando entró en un mundo lleno de atractivas edecanes.

Lo que marcó su vida emocional fue encargarse de las mujeres de casa: dos hermanas y una madre conflictiva, que aunque era su fan número uno estaba unida a un hombre que maltrataba a sus hijastras, mientras se acababa el dinero que el padre de Roberto había dejado para el sustento de sus hijos cuando él y su madre se divorciaron. Su padre, ya divorciado, tuvo varias mujeres y era adicto al alcohol. Roberto lo sacaba borracho y orinado de las cantinas cuando tenía 14 años. Su madre en casa leía el tarot a quienes llamaba "pacientes".

Su sueño era la única salvación para todos los de su sangre, por eso abandonó su país. A principios de los ochenta, Roberto se paró frente a la recta principal de Brands Hatch, en Inglaterra, y supo que debía correr ahí. Vendió su remolque con los coches que tenía y dio un enganche para un equipo de Fórmula Ford europea como pago de la temporada, pero al no concretarse el patrocinio en México perdió buena parte de su dinero y quedó encallado. Perseverante, se hospedó en Holanda, a donde llegó de Inglaterra en la cabina de un tráiler y trabajó como mecánico para pagar su manutención. También fue *bar tender* en un hotel para ahorrar y buscar nuevamente la oportunidad de subirse a un coche.

En mi caso, me refugié en la danza, al no entender la vida de otra manera que evitando pensar en ella, mientras mis padres hacían cada vez más evidentes sus problemas. Yo tomaba clases de ballet y jazz toda la tarde, sólo iba a casa a comer; cumplía con mis tareas, pero me concentraba en tener más elasticidad con ejercicios extraordinarios que me forzaban a estirar al tope mis músculos y articulaciones, a veces provocándome desgarres. Bailaba frente a la televisión las coreografías de mis videoclips favoritos, los grababa y repetía hasta que me aprendía las coreografías de Michael Jackson, su hermana Janet o raperos como Vanilla Sky.

Mis primeras lecciones fueron en una academia donde todos los maestros eran bailarines activos y *gays*, a quienes conviene imitar para encontrar tu propio estilo. Me integré al grupo de mi hermana y sus amigas; eran clases privadas, me dejaban lugar atrás del salón; era como la mascota del equipo y fui la única que continuó profesionalmente.

Ensayaba los fines de semana y el precio de mi entrega a esta pasión implicó más rechazo de algunas amigas: "No llamen a Mariana, seguramente está ensayando". Y ese rechazo se convirtió en admiración cuando vieron los resultados de mi esfuerzo, que además era una terapia en la que yo canalizaba los problemas de mi familia. En el mismo estudio conocí a Karen Bustillos, quien a sus 21 años y yo 16, fue mi socia en nuestra propia escuela y coreografiamos espectáculos de hoteles y certámenes estatales de belleza.

Terminó el llamado de la telenovela y me fui a descansar a mi casa. Esa noche no vi a Roberto porque él tenía otra cita a ciegas que nuestro amigo común, Rubén, le organizó. Aunque decentemente Roberto me lo contó después, pensaba que si ya estaba saliendo de manera formal conmigo, era mejor que me enterara por él y no me llegara el chisme por otro lado. Luego le pidió a Rubén que ya no le presentara a nadie más porque se había enamorado de mí. Pero ese día su ausencia me intrigó.

Antes de dormir escribí en mi diario, costumbre que tengo desde hace seis años, las impresiones del día y lo feliz que me sentía de haber conocido a Roberto. También hice una lista de los patanes que han marcado mi vida y lo que más me lastimó de ellos; no fueron muchos pero bastaron dos incidentes para determinar la patológica elección de las siguientes parejas que he tenido.

Ojalá todas las mujeres hicieran lo mismo para exorcizar sus demonios.

> Si cada hombre que intencional o involuntariamente nos lastimó y por cobardía huyó sin reparar el daño, escuchara lo que pensamos de él, regresaría a pedir perdón o sería más consciente en sus siguientes aventuras.

Me quedé pensando en una pregunta que Roberto me hizo:

—¿Por qué te duran tan poco los novios?

Mi relación más larga fue con quien viví y estuve a punto de casarme pero no prosperó el compromiso.

—Quizá no he conocido a alguien que llene mi intensidad o un valiente que la resista —respondí; tal vez él como piloto de carreras sería igual o más intenso que yo; al menos la relación avanzaba velozmente.

AMORES QUE MARCAN

Sonó la alarma del despertador. Cinco minutos más en la cama. Cerré los ojos nuevamente y agradecí a Dios por un nuevo día. Me levanté de prisa sin tender la cama, desayuné un yogur con cereal mientras se calentaba el agua de la regadera, y salí de casa en pants rumbo a la locación para grabar un episodio más de la telenovela. Mientras, en el tránsito, me acompañaba a través del radio mi amiga Elena:

> ¿Quién fue su primer amor? La inocencia que se pierde pero jamás se olvida. Pónganle nombre y rostro. Quizá muchos de ustedes tuvieron la fortuna de conocer su alma gemela y cometieron la estupidez de dejarla escapar, creyendo que a la vuelta de la esquina se encontrarían a otra igual. Ése fue mi caso, yo reconocí al amor de mi vida muchos años después de haberlo perdido. Cuando acabé la preparatoria, tuve chance de irme de mochila a París, y en mi clase de francés conocí a un portugués guapísimo: fue amor a primera vista, se hacía llamar Jean Pierre.

Qué buena pregunta, no es lo mismo el primer novio que el primer amor. A los 12 años me dieron mi primer beso de pajarito, pero a los 16 ejercí mi sexualidad en plenitud con Miguel, de quien estaba muy enamorada. La luna llena fue testigo del suceso, en un jardín lleno de rosas de una casa abandonada: nos saltamos la barda y le entregué mi virginidad. Creo que la telita se me había roto antes, en un accidente que tuve de niña cuando practicaba gimnasia olímpica;

me caí y entre mis piernas quedó la viga de equilibrio; eso sí me dolió, porque la entrega en cuerpo y alma a Miguel fue mágica; aunque unos tragos amortiguaron mis nervios y al día siguiente me invadió la culpa por mi educación religiosa y represiva.

La primera vez que lo vi estábamos en una fiesta. Investigué su nombre y quiénes eran sus amigos; un mes después provoqué un encuentro casual para que me lo presentaran en casa de una conocida común. Dicen que en la era de las cavernas los hombres eran cazadores y las mujeres recolectoras, pero en la actualidad nosotras somos peligrosamente ambas cosas.

Recuerdo cuando cumplí un mes de novia con él. Le hice un video en el que documenté cada lugar de nuestro romance durante días, vistiéndome exactamente con la misma ropa que usé y narré las escenas más significativas; en algunas me disfracé de él: jeans, camisa blanca y zapatos cafés que saqué de casa de su abuelita, en donde vivía. Miguel peinaba su cabello rubio y rizado hacia atrás con gel; usaba barbita de candado; tenía los ojos de color entre verde y miel, alto y cuerpo ejercitado en el gimnasio. Mi vecina filmaba; con las luces de mi coche iluminábamos de noche y la edición tenía créditos escritos en una hoja a mano.

Lo que nos identificó era la carencia de un hogar lleno de afecto. Él tenía fama de don Juan. Lo era y su romanticismo me enamoró, me atraía la aventura de algo nuevo. Era un seductor con maestría; escribió las mejores cartas de amor que me han dado y admiraba que, sin venir de una familia adinerada, se esforzaba trabajando para salir adelante con honestidad e inteligencia, tenía metas.

A este hombre lo dejé por mi carrera y la distancia geográfica que nos separaba; pero seguramente si no hubiera sido tan ambiciosa para perseguir mis sueños me hubiera quedado en Querétaro y estaría casada con él.

Él tenía una ex novia guapa que una tarde intentó atropellarme afuera de mi casa. En una ciudad tan pequeña, los rumores se desbordan por las coladeras; a cada rato olía a infidelidad, lo cual despertó mi inseguridad.

En vez hacerle escandalosas escenas de celos, trataba de reconquistarlo. Recién graduado en ingeniería industrial, Miguel se fue a trabajar como gerente de una fábrica de medias al Estado de México; cada fin de semana me visitaba en Querétaro, mi ciudad natal, donde lo recibía cada fin de semana con una nueva receta de flan, galletas o pay, pues le encantaban los postres. Nuestros enojos servían para fortalecer la relación, nos reconciliábamos con detalles.

Entonces desconocía que hay días más fértiles que otros y cuando estás en tu periodo de menstruación no hay riesgo de quedar embarazada. La técnica anticonceptiva que practicábamos Miguel y yo era el *coitus interruptus*. Mi ignorancia acerca del condón para prevenir enfermedades venéreas era notable, y por fortuna los dos éramos saludables. Tenía muchos tabúes sexuales que develé en la práctica y no en mis clases de biología; en ese entonces no existía wikipedia o google.

Él me daba de tomar en los antros cuando salíamos. Era predecible saber a quiénes encontraríamos, siempre los mismos pero por estaciones del año; es decir, se practicaba el reciclaje de parejas por ser una sociedad tan pequeña. Miguel bebía de su vaso, hacía contacto con mis labios y me transfería a presión el vodka con jugo de uva como si fuera inyección. Después me condicionaba con su vaso bien servido para que siguiera tomando a su ritmo: "¿Me amas?" Y si lo rechazaba se ofendía. A puro chantaje sentimental le demostraba mi amor de madrugada.

Nunca olvidaré aquel regalo de cumpleaños que le hice. Envolví una botella de tequila y le dije: "Nos la vamos a terminar entre tú y yo." Recibió su sorpresa con ilusión, abandonamos la reunión que sus amigos habían organizado y regresamos después más enfiestados.

Encerrados en un motel donde nadie podía interrumpir, sentados uno frente al otro, girábamos la botella y a quien señalara la boca tenía dos opciones: quitarse una prenda o darle un trago de Hidalgo. Y así los dos íbamos perdiendo el estilo y ganando el juego porque terminamos juntos en la regadera. Era curioso: aunque ya conocíamos cada parte de nuestro cuerpo, irnos quitando zapato por zapato, aretes, pulseras, anillos y quedar en ropa interior, aunque nos daba pena, hacía más emocionante llegar al clímax de nuestra fiesta.

Lo más irresponsable de la adolescencia era que, a pesar de nuestro estado de ebriedad, arriesgábamos nuestra vida en el trayecto que él manejaba de regreso a la civilización; no había alcoholímetros pero tampoco otro espacio para el amor.

Cuando me independicé de este novio y mi familia, dejé de tomar destilados; aprendí a cuidarme de los lobos de mar que andan sueltos buscando mujeres vulnerables que por las copas les abran fácilmente las piernas.

Seguí escuchando el programa; aunque tenía prisa, los coches no avanzaban:

> Caminábamos por aquellos parques súper románticos, íbamos a los museos o cafecitos. Nuestro punto de encuentro siempre era una estación del metro; entonces no había teléfonos celulares para cancelar una cita de último momento o avisar que ibas tarde. Así pasaran dos horas, ahí seguía Jean Pierre... ¡Con una carota! Solamente me decía: *"I hate wait."* Odiaba esperar pero con un beso apasionado se arreglaba todo. Yo era muy inquieta, se me acabaron los francos y me tuve que regresar a México. Le prometí que se sentiría orgulloso de mí porque quería estudiar periodismo para viajar por el mundo y ser corresponsal de guerra; o me imaginaba siendo cantante para estar en un estadio rodeada de gente que aplaude y poder gritar, con el ego disfrazado de humildad: "¡Gracias México!" Pero estudié psicología.

Así como Elena, yo también me fui a Europa terminando la prepa, fue mi salida de casa para siempre, huyendo de mi padre porque no quería convertirme en su esposa sin derecho a incesto, cuidándolo bajo su machismo después del divorcio de mi madre. Con mis escuetos ahorros permanecí allá creativamente durante seis meses, hospedada en un convento de benedictinas de Claustro en Vanves; no para ser monja sino porque había ido a la Jornada Mundial de la Juventud en 1997, cuando el papa Juan Pablo II dio una misa frente a un millón de jóvenes de distintas nacionalidades que acampamos en el hipódromo de Longchamp. Me ganaba el sustento a cambio de trabajar tres horas diarias cooperando con las labores domésticas que las monjas hacían. Eran 30 viejecitas que llevaban más de 40 años encerradas.

Una jorobadita empujaba un carro con el pan todas las mañanas, otra cocinaba y yo barría pasillos inmensos que después trapeaba de rodillas con una franela. Le ayudaba a la cocinera, se reciclaba la basura para abonar la huerta. Lavaban ollas gigantes en un fregadero que parecía jacuzzi, desbordaba agua ardiendo; a los lados había trapos colgados para secar todo a mano. Orden impecable, el almacén de comida era más grande que las habitaciones de huéspedes con camas diminutas y un clóset tamaño maleta. Los baños, comunes en cada piso.

En este lugar místico una noche tocaron la puerta de mi cuarto: era una estudiante afrofrancesa que estaba hospedada –como yo– en la zona de hotelería del convento, al lado opuesto de la zona de silencio donde dormían las monjitas. Me ofreció hachís en una pipa enorme: *"Do you want some?"* Me dio curiosidad y acepté, no sabía cómo se fumaba pero quedé fumigada antes de la cena.

Lo bueno es que estaba prohibido hablar en el comedor. Había una mesa al centro para invitados y alrededor se sentaban las religiosas, mientras escuchábamos música o la madre superiora leía la palabra de Dios. El menú siempre era acompañado con vino tinto. Cuando la madre superiora tocaba una campana, sin importar que aún quedara alimento, debías pasar tu plato a la izquierda para que otras monjas lo recogieran y en un carrito, que llevaban a la cocina, lugar en donde estallaba el chisme. Ahí me enteré de que Lady D había muerto.

Antes de esa travesía, hice audición para ingresar al Centro de Educación Artística de Televisa, segura de que quería ser actriz de cine o cantante. Dejé almacenados bajo mi cama todos los folletos de otras carreras universitarias, pero no me aceptaron en Televisa, así que antes de estudiar algo a lo que no me fuera a dedicar quise viajar, y mi vecina ya tenía organizado el plan, sólo me uní a ella. Mis papás tenían la esperanza de que abandonara mi deseo de ser artista pero se convirtió en afán.

Llamé a mis papás para avisarles que había postergado la fecha de mi regreso, tenía resuelta mi manutención. Difícilmente mi papá iría a buscarme o no me hubiera encontrado, así que resignado me dijo: "Mija, te doy la bendición, háblame de donde estés para saludar." Con esas palabras se dedicó, desde entonces, a contemplar mi vuelo y mis estruendosos aterrizajes. Es insustituible la sensación de elegir mis planes cada mañana y darle variedad a la vida sin tener que regresar a casa para darle cuentas de mis actos a nadie. Salvajemente visité Londres, Ámsterdam, Barcelona y Roma; lo mejor es que hasta la fecha sigo viviendo como turista, abierta a la experiencia de lo nuevo, a sorprenderme de las cosas simples y seguir el camino sin apegos.

Juré nunca regresar a vivir con mis papás a Querétaro, los amaba pero entre ellos se destrozaron. Solamente volví por mis cosas, extrañaba a Miguel y él a mí, pero nuestro noviazgo se complicó porque me mudé a Guadalajara para estudiar administración hotelera, algo relacionado con lo que hacía en el convento.

Pero en el primer semestre las cámaras me llamaron de nuevo. Aunque había aumentado 10 kilos en Europa, me ofrecieron participar en un certamen nacional de belleza. Acepté y en 15 días, a base de dieta, ejercicio, masajes y vendas calientes, pero sobre todo mucha fuerza de voluntad, perdí los kilos que tenía de más. Mis esfuerzos por continuar la universidad se diluyeron cuando en verano conseguí trabajo en un hotel de Playa del Carmen; daba clases de aerobics y me encantaba ser parte de los espectáculos de teatro para huéspedes.

Al año, después de adquirir más desenvoltura escénica y también en la vida real, busqué al director de la escuela de actuación para hacer nueva audición. Esta vez me aceptaron y me adelantaron un grado. La profesión de actriz no le gustaba para nada a Miguel y fue el final de mi relación. A mi madre tampoco le agradaba ese oficio.

Seguía en el coche y aún me quedaba la mitad del camino para llegar al llamado. Pude escuchar el desenlace de la historia de amor que Elena contaba, quien intentaba decirnos que cuidemos a las personas que amamos porque una vez que se van, sólo nos quedamos con el recuerdo de lo que no pudo ser:

> Cuando volví a México, lo más romántico era la espera de las cartas de Jean Pierre por correo convencional. Me ilusionaba recibir noticias de aquel guapo, divertido y tierno amante porque lo único que hacíamos era amarnos. No teníamos nada, bastaba estar juntos para ser felices. ¿Recuerdan las postales con estampita y sello que físicamente depositábamos en un buzón? Tardaban mes y medio para llegar de un país a otro. Yo le escribía a Jean Pierre: *"I love you"* y seis semanas después él me respondía: *"Me too"*.

Ahora nos ofendemos ansiosos si al minuto no nos responden un mensaje en el celular, se nos agota la paciencia con facilidad. Cuando escucho a Elena me siento vieja porque las nuevas generaciones ven normal la inmediatez tecnológica. Ella siguió narrando con melancolía:

Un día dejé de recibir correspondencia de París y llamé de madrugada para saber de él, pero me respondió su mamá y muy seria me dijo: *"Il a fait son vie, Il habite outre rue."* Y me colgó, nunca supe nada más de él, hasta que reapareció 11 años después en facebook. Se ve tan feliz en las fotos de su perfil, junto a su esposita y sus hijitos. Y él está súper orgulloso de mí por todos los logros que he alcanzado durante la última década, sola. De todas maneras me alegró saber que él tampoco me había olvidado cuando leí: *"You are still in my secret garden."* Su mensaje derritió mi corazón como si hubiera estado congelado todos estos años con sentimientos inconclusos; lloré con frustración porque después de él no he conocido a alguien similar con quien compartir. Sentí ganas de volver a verlo y preguntarle en persona por qué desapareció tanto tiempo. Así que crucé el charco otra vez, hice un viaje a mi pasado para recuperar una pieza de mí que se había extraviado.

Cada vez se ponía más buena la historia de Jean Pierre y Elena; no me imagino un encuentro entre Miguel y yo 11 años después, ¡ya para qué! Puse atención:

—Cualquier información de su boca me sería útil para entender mis fallas, reparar mis relaciones presentes y aceptar que merezco ser feliz sola o acompañada. Estaba muy nerviosa, ya me alcanzaba para un taxi pero me fui en metro para recordar viejos tiempos. Nos citamos en Montmartre, en Sacré Coeur. Me arreglé como adolescente para que no se notara el paso de los años. Pensaba en divorciarlo, en la posibilidad de volvernos a enamorar, en si se le habría caído el cabello o le habría crecido la panza. Cuando llegué a la cita ahí estaba esperando, se había agudizado su *sex appeal*. El abrazo duró más de cinco minutos, nuestros cuerpos se fundían de deseo pero nos fuimos a un café… Primero había que hablar. Me senté y lo primero que me dijo fue:

"No entiendo, ¿cómo es que una mujer tan guapa, inteligente y simpática como tú puede estar sola?"

"¡Qué pinche pregunta!", pensé. Estoy segura de que a todas las mujeres solteras se la han hecho en algún momento, y que invariablemente la respuesta es una sonrisa sorda con cara de pendeja, y ganas reprimidas de gritar, en este caso a él: "¡Por tu culpa, idiota!"

Le conté sin censura mi historial de fracasos sentimentales después de su repentina desaparición y lo único que hizo fue disculparse:

"Perdón por no haberme atrevido a confesarte en su momento que conocí a otra mujer con la cual formé mi actual familia."

En el fondo, muy en el fondo, me dio gusto saber que era feliz... ¡Y fiel! Así que con mi respuesta me regresé a México, no sin antes hacer *shopping* en Champs Elysees. Cuando regresé a México me encerré una semana en pijama, depre total. No te bañas, te da flojera salir cuando te invitan, no comes bien o te atragantas, lloras si ves una película cursi o escuchas una canción melancólica, duermes todo el día o ansiosamente giras en tu cama. Es una etapa de soledad en la que tienes dos opciones: mirarte en un espejo y engañarte con maquillaje o hacer una pausa, ver hacia dentro de tu corazón, ser honesto y reconocer tus errores, aceptarte humano, perdonarte y seguir adelante reconstruido como ave Fénix; de lo contrario, ¡te lleva la chingada!

Tengo contadas las semanas de pijama en mi vida y es verdad que de nuestra actitud depende que sea una terapia intensiva de siete días o se prolonguen las tinieblas en la mente y sigamos caminando sin sanar viejas heridas.

Al parecer Elena amaneció sensible ese día porque siguió confesando a su auditorio cuanta intimidad tenía reprimida a lo largo de muchos años. ¿Cuál sería su propósito de compartir esto? Ella continuó con la historia de su segundo amor:

A Peter, un gringo, ¡qué pinche karma con los Pedros a larga distancia! Le hice una transferencia de sentimientos, lo que en términos de psicología quiere decir que todo lo que sentía por Jean Pierre se lo extirpé, e intacto se lo implanté a Peter y no necesitó entrevista, sencillamente: ¡ya lo amaba! Además, era un hombre atractivo, exitoso y muy simpático. ¿Cuándo han visto a un cabrón que no sea simpático? Me reía mucho con él y supo decirme al oído lo que a toda mujer le gusta escuchar. Lo conocí en un encuentro internacional de la estación, me impactó su cultura musical y su conocimiento sobre la transmisión de señales mediante la modulación de ondas electromagnéticas. Me invitó a vivir con él a Chicago y claro que acepté, esta vez no lo dejaría escapar. Renuncié a mi trabajo como redactora, dejé familia, amigas, casa, ¡todo por él!

Es tan fácil dejarse llevar por la ilusión de haber encontrado al hombre de tu vida, que cuando aparece lo que nos enseñaron que puede ser un buen partido y te conquista su iniciativa hacia un compromiso serio, nos la creemos completita; en vez de saber por experiencia que tanta magia repentina se termina como llamarada de petate... El burro hablando de orejas, ¿por qué cuando aparecen señales no las escuchamos? Se parecía a mi historia con Roberto pero es fácil pensar que a nosotros nunca nos va a pasar algo igual porque somos más listas. Elena continuó:

Con una maleta llegué a Chicago, ¡qué pinche frío! Desde su departamento se veía el lago Michigan. Al principio todo era maravilloso, me llevaba a su trabajo para presumirme con sus colegas, yo me metía a las cabinas de radio y desde entonces quise ser locutora. Le hacía de cenar todas las noches, me presentó a su familia, pasamos Navidad juntos. ¿A poco no cuando te presentan a la familia y pasas Navidad con él dices: "¡Va en serio!"? ¡Pues no! Porque luego sigue el Año Nuevo, época en la que la gente quiere ser diferente. Al parecer yo no estaba en su lista de propósitos porque sí cambió, se volvió codo, cochino y huevón. Ya no llegaba a cenar porque tenía juntas con clientes y al día siguiente me pedía el cambio de las compras que hacía para llenar la alacena. Por la noche lo esperaba con mi *baby doll* en la cama y cuando más caliente estaba yo, él se quedaba jetón con una almohada en la cara, seguramente para no oler sus propios pedos o despertarse con sus ronquidos que se escuchaban hasta el piso cien de la torre Sears. Y yo me empapaba… pero las nalgas cada vez que me sentaba en el borde de la tasa del baño que él meaba por no levantarlo. ¿Están de acuerdo en que tenía suficientes razones para terminarlo? ¡Pues él me mandó a la chingada! Eso sí, en *first class*.

"¡Pobre Elena!", pensé. Me daba risa la manera en que narraba su tragedia y no creí que hubiera más que contar de Peter, pero las consecuencias fueron más graves:

Así como se transfiere el amor, también el dolor, doble fracaso sentimental. Llegué a México con el corazón hecho mierda, cero autoestima, sin chamba, sin lana, sin amigas, sin nada. Entonces descubrí que estaba embarazada. Lo llamé para darle la noticia y me dijo que seguramente lo había engañado con otro o que quería sacarle dinero. Después dejó de contestarme el teléfono y con él murió mi esperanza. Paralizada por el miedo a mi incapacidad de amar, tuve que pedir prestado para hacerme un legrado. Si no tienes para abortar, mucho menos para tener y mantener a un hijo. Fui a un consultorio clandestino y el médico, en vez de preguntarme si estaba segura de lo que iba a hacer, no porque fuera ilegal en su momento, sino porque era una decisión permanente e irreversible, solamente me dijo: "Lo bueno es que ya sabemos que eres fértil." Me dio una pastilla, cerré los ojos y al día siguiente mi vientre estaba de luto en secreto. Todo era silencio.

Elena hizo mutis y terminó su historia con un nudo en la garganta. Yo casi empiezo a llorar cuando mandaron a un corte musical:

Nunca sabré si era niño o niña, por eso le puse el nombre de José María pero de cariño le digo Joma y sé que desde algún lugar me cuida… A veces hacemos cosas por los prejuicios que nos imponen nuestros padres, el mío siempre me decía: "Elena, de esta casa no sales más que bien casada o bien quedada, ¿me oíste?" Y aquí me tienen, ¡bien quedada!

Tenía una imagen de Elena como mujer fuerte, inquebrantable, mi ejemplo a seguir y esta vez no sabía qué pensar de ella; tampoco me atrevía a juzgarla porque por un instante me puse en su lugar. Hablar del aborto es un tema penado, por la ley o por la Iglesia, la sociedad lo condena pero también lo aprueba en casos de violación. Dicen que se necesita la misma fe para creer en Dios que para negarlo; tal vez una madre necesita el mismo coraje para tener un hijo que para sacrificarlo.

> Después de una experiencia traumática es obvio que tu percepción de la vida se modifica, y si no sanas internamente las fracturas emocionales, seguirán afectando tu relación con los demás hasta que logres aceptar y estar en paz con el pasado.

Quizá Elena necesitaba sacar a luz un dolor que la consumía hacía mucho, tal vez externarlo era parte de su sanación. Todos tenemos demonios que no nos atrevemos a mostrar por miedo al rechazo; nos da pena que descubran el lado contrario de nuestra luminosidad, que tiene la misma dimensión desconocida.

Llegué por fin a la locación, busqué un lugar para estacionarme, corrí al *camper* para que me maquillaran y llenaran la cabeza de tubos, ponerme el exótico vestuario del personaje. Tenía más o menos memorizadas las escenas. Siempre usé el enfadoso apuntador dentro de la oreja, pues ayuda a la producción a agilizar las grabaciones (hay que considerar que en un día se graban más de tres capítulos), aunque desde mi punto de vista le resta naturalidad a la actuación o hace flojos a los actores que se confían en repetir sin estudiar la intención de sus parlamentos.

Qué cómoda es la rutina cuando no tienes por quién preocuparte, si te llamó, con quién andará, qué estará haciendo tu pareja o que te vigilen con llamadas todo el tiempo; pero también es divertido estar al pendiente de si la persona que te interesa piensa al mismo tiempo en ti y la telepatía logra que se pongan en contacto con ganas de hacer corpóreo el deseo. Tenía varios meses sin pensar todos los días en alguien, pero el nombre de Roberto comenzaba a inquietarme. Esa mañana no sabía nada de él, ¿sería que no era el hombre tierno que yo creí y se convirtió en uno de esos patanes que Elena mencionaba? Me aguanté las ganas de marcarle, deseaba que fuera él quien llevara el timón de la relación para no crearme falsas expectativas.

Anunciaron un corte para comer y encima de la mesa tenía mi celular, ansiosa porque apareciera el hombre a quien le confié mi cuerpo y mis sentimientos. Qué desesperación. Le conté a mis compañeros actores lo que me estaba pasando y me aconsejaron que esperara, que iba a aparecer, que no parecía un "pasado de lanza", que la gente tiene cosas que hacer y llama cuando encuentra el momento más prudente.

Regresé al *camper* para un retoque de maquillaje y de los rizos del personaje; estaba angustiada por mis notables síntomas de enamoramiento prematuro y esperaba ser correspondida. Y vi una señal. Mientras me lavaba los dientes Roberto me llamó para saber cómo estaba. Quedamos de vernos por la tarde, después de mi llamado y me pidió que pasara a recogerlo a casa de su mamá.

Nerviosa por conocer a Matilde, mi posible suegra, él me iba guiando por teléfono para llegar a su casa. Ella me hizo pasar. Típico que te sientes bajo examen, todo te observa esperando el mínimo detalle para descalificarte, pero parecía que le había caído bien. Me mostró su casa completa, los muros eran un museo lleno de cascos, sus trajes de nomex para competir, fotos con personalidades internacionales, gorras y trofeos de los triunfos acumulados durante 20 años de carreras. Me contaba las hazañas de su hijo campeón, presumía con gran orgullo haberlo traído al mundo y el tesoro de su sangre que me compartía:

—A finales de los ochenta, mi Roberto tuvo que irse a Europa para aprovechar una gran oportunidad. Henry Voltaire lo puso en un campeonato de Fórmula Ford junto a los mejores pilotos —decía entusiasmada al recordar los esfuerzos de su hijo para conseguir victorias—. En Inglaterra se hospedó en casa de la abuelita de un amigo, trabajó de mecánico y como instructor en un circuito. Luego consiguió apoyo de una marca de cigarros para competir en la RAC, Fórmula Ford británica, y clasificó en décimo lugar pero no le alcanzaban sus recursos para continuar. Cuando calificó en primera posición durante un *heat* dentro del Festival de Brands Hatch, tres minutos antes de su segunda carrera, lo descalificaron. Pero consiguió otros *sponsors* para subirse al equipo Racefax un año después.

Me quedaba claro que para llegar al Salón de la Fama de la Federación Mexicana en este deporte no había sido fácil el camino, ni para haber salido de México y lograr todo lo que tenía con base en trabajo y sacrificio. Admiro a las personas que tienen metas y luchan con pasión por alcanzarlas; más a quienes materializan sus sueños sin perder la humildad.

Roberto tenía muchos años sin pasar más de tres días con su madre y ahora se quedaría un mes. Matilde me ofreció un café y cigarros, esa misma tarde se encargó de inculcarme una mala imagen de Rubí, su todavía nuera; la culpaba de haberle provocado con brujería un aneurisma que le operaron.

La señora parecía simpática y liberal, era lectora del tarot, pintora de desnudos y escultora de iconos católicos. Me contaba entusiasmada de su próximo reencuentro con un amor que había tenido hacía 40 años, cuando Roberto era un niño. Entonces ella ya se había divorciado del padre de sus hijos y separado de otro, quien le enseñó sobre los placeres de la cama y los dolores del alma, y era abusivo.

—Roberto me puso a escuchar las canciones de tu disco y juntos vimos todos tus videos en youtube —me dijo Matilde con interés por saber más de mí. Dame una foto tuya para ponerla junto a mis santos y protegerte. Así cuido a mi hijo y a los pilotos que quiero mucho, todos me dicen tía.

Era evidente que la señora Matilde se sentía muy sola, la acompañaba una mascota apestosa que ladraba poco. Sus facciones eran de una mujer que había sido muy guapa en su juventud, pero denotaban caídas emocionales por el exceso de cirugías plásticas en el rostro y le costaba trabajo caminar.

Me ofrecía su amistad sin importar si mi relación con Roberto progresaba o no, pero relacioné esta situación con una similar que viví con un ex suegro alcahuete, así que preferí ser amable pero mantener distancia. Creía que era cruel visitar con frecuencia a una persona mayor y luego abandonarla. Cortar lazos es lastimoso aunque necesario en casos similares al mío porque terminan convirtiéndose en patologías unidas al cariño nostálgico de una pareja que ya no quiere saber nada de tu vida. Después, como si fuera la guía de un museo que vivió en carne propia su historia, volvió a contarme más sobre la carrera de su hijo mientras recorríamos los muros decorados de triunfos *vintage*. Roberto hacía su maleta para irse una semana a Estados Unidos, corría la última carrera de la temporada ese año.

—Esto es de 1988, cuando Roberto consiguió tres victorias y tres *pole positions* en la pista de Brands Hatch. Llamó la atención de los medios internacionales especializados en automovilismo y los empresarios, ya cuando vieron que era destacado, lo apoyaron. En esta foto está con Shakesperiano, padre e hijo, muy ricos. Le invirtieron lana para que llegara a la RAC, Fórmula Ford británica. Después compitió en el campeonato Esso de la misma categoría, consiguió seis podios y dos *poles* en la RAC, terminó en el quinto puesto general —Matilde narraba mejor que cualquier comentarista deportivo.

Roberto interrumpió asomándose a la sala, curioso por escuchar lo que hablábamos entre mujeres, y estaba tan atento que agregó:

—Uy, en esa época tenía el refrigerador más vacío que una mueblería, al principio me tenía que bañar con una botella de agua mineral en el tráiler y comía pura avena con agua y plátanos. Mejor regresé a México para consolidarme, me quedé sin dinero otra vez pero busqué a unos amigos y formamos la Fórmula 3 Internacional con chasises Reynard, ahí me hice subcampeón. Sabía que tenía talento, rectifiqué errores y desarrollé mi habilidad. En este deporte si no tienes confianza en ti mismo, además de disciplina, no pasas de ser aficionado. Sin auspicios seguí corriendo, demostré que era el más rápido de la categoría, gané cuatro carreras, junté siete *poles* y obtuve el campeonato.

No cabía duda de que mi concepción acerca de los coches era distinta y estaba ampliando mi cultura automovilística; desconocía todas esas categorías que mencionaban, para mí sólo existía la Fórmula Uno.

—¿Y luego cómo hiciste para continuar? —pregunté con timidez por mi ignorancia en el tema, pero me contagiaba su pasión.

De alguna manera me encuentro en esa etapa de arranque que él vivió para despegar con éxito en su carrera; mi área es otra pero el empuje inicial necesario era similar. Como actriz ha sido difícil que me contraten, como si fuera un piloto sin equipo, necesitas generarte oportunidades para estar en el circuito y entrenar. Por eso produje mi propio espectáculo, un arte que sin patrocinios no llega a ninguna parte. Roberto me motivaba con sus historias, las metas ambiciosas cuestan tiempo y esfuerzo cuando tienes talento y empiezas de cero:

—En México ya no había nada que demostrar, así que volví a tomar riesgos en el extranjero. Con logros en mano tenía más posibilidades de conseguir apoyo, mi imagen iba en ascenso y las marcas recuperarían su inversión al poner su logotipo en mis coches. Al rato no me la acababa de tantas entrevistas. Quien se la jugó conmigo, porque los convencí, fue una empresa transnacional de productos de cuidado personal. Me alcanzó para tres carreras y fue en la Indy Lights. Lo único que tenía era hambre de comerme el mundo, sabía que si persistía en mis sueños las oportunidades llegarían y yo estaría preparado.

Matilde no perdía la oportunidad de protagonizar la reunión, añadiendo detalles:

—Ganó carreras en Phoenix, Detroit, Milwaukee y New Hampshire, mi hijo siempre se acercó a los mejores para escucharlos y seguir sus pasos.

—¿Cuál ha sido el mayor sacrificio que has hecho por tu carrera? —le pregunté.

—Qué buena pregunta, la gente sólo ve el *glamour* como resultado pero detrás de las carreras hay mucha soledad. Viajo todo el tiempo en fechas que mis amigos y familiares se casan, tienen hijos, se divierten. Además, yo antes era más exagerado con el orden, la alimentación y mi entrenamiento, nadie me aguantaba el paso. Mi vida es muy saludable, me perdí muchas reuniones importantes de la gente que quiero… Cuando me fui a Europa, Paty mi novia quería irse conmigo pero yo no tenía nada que ofrecerle, y llevarla me distraería de mi objetivo principal que era ser el número uno del mundo en las carreras, así que terminé con ella. Me dolió porque la extrañaba. Pero gracias a eso hoy puedo gozar de mucha calidad de vida y ayudo a mi familia. Jamás me habría imaginado que tendría mi propio avión, ya lo vendí pero en su momento fue una herramienta de trabajo muy útil para bajar el estrés por la logística que implicaban tantos vuelos en una semana.

Mientras más escuchaba de su vida, me interesaba contarle de la mía para que me orientara en cuanto a las emociones que a veces siento cuando al no ver los resultados esperados con rapidez siento ganas de tirar la toalla; pero no me imagino dedicada a otra cosa que no sea algo creativo para el público. No sabía hacia dónde se dirigía esta reciente amistad que de forma inesperada tocó a la puerta de mi casa, pero ya estaba ahí, aguantando el humo que su mamá echaba por la boca… fumaba demasiado y le hubiera caído fatal si le pedía en su propia casa que apagara el cigarro porque era dañino para mis intereses como cantante.

Ayudé a Roberto a empacar, nos fuimos al cine y después al mismo hotel cerca de mi casa que tenía aire acondicionado. Al parecer, este piloto de carreras se hizo adicto a la adrenalina y acostumbraba tomar las curvas con rapidez porque a la semana de habernos conocido, esa noche, antes de apagar la luz para dormir me dijo:

—¿Quieres ser mi novia? —declaración a la antigüita en un contexto más moderno.

Me sorprendió formalizar la relación; por lo general, cuando un hombre te tiene ya no se esfuerza por fomentar un compromiso. Me conmovió y acepté, dormimos tomados de la mano.

Al día siguiente se fue a Estados Unidos y regresó un domingo después de haberse bañado en champaña por el tercer lugar en el podio. Me dejó con su chofer un libro de fotos que él mismo editó, quería que conociera más sobre su historia y me escribió una dedicatoria que expresaba lo feliz que se sentía por haberme conocido en esa etapa tan difícil de su vida. Desde ese momento las señales de alerta eran claras, pero me dejé llevar por la emoción, y él por su soledad.

Le sugerí que fuéramos a comer con su mamá para tomarla en cuenta y no ganarme sus celos tan pronto. Me esperarían en el restaurante, mis semanas estaban tan saturadas de actividad que hasta en domingo ensayaba para el estreno de mi obra. Mientras me duchaba para alcanzarlos recibí un mensaje de Roberto que decía:

—No te voy a poder dar besitos ricos enfrente de la gente.

Qué raro comentario, si ya éramos novios qué más daba que nos vieran demostrándonos cariño. Fue inevitable que mi mente leyera detrás de las palabras, a eso me dedico. Preferí no responder.

Llegué al restaurante, concurrencia *socialité*, él con lentes nunca pasa inadvertido ni falta quien se acerque a felicitarlo por ser un icono. Lo primero que hizo fue saludarme con un beso en los labios. Saludé a mi ahora suegra, quien se reía sospechosamente y no se resistió a contarme lo recién ocurrido que tenía que ver con el mensaje que no quise responder. Cuando alguien es tan transparente comete la falta de lastimar sin intención de hacerlo.

—¿Qué crees que pasó? —me dijo Matilde, quien gozaba contarme el chisme— El tonto de Roberto le mandó un mensaje a Rubí que era para ti.

No sabía si reírme o preocuparme.

—¿Cómo? —pregunté. Roberto tomó la palabra para disculparse.

—Me equivoqué de destinatario, sin querer le mandé a mi ex un whatsapp que después te reenvié y ya me contestó, tenía un mes sin escribirme con ella.

—¿Y qué te dijo? —me invadió la curiosidad y un destello de celos.

—Me preguntó con quién estaba y le dije que el mensaje era para mi mamá.

Roberto no entendía lo que su acción había desatado y su mamá expresó lo que yo estaba pensando:

—¡Qué pendejo eres Roberto! Hasta crees que te creyó, está que se retuerce.

Desde ese día el rostro de Rubí comenzó a perseguirme hasta en las redes sociales, su ego dominante fue tóxico para mis entrañas, era un fantasma poderoso que debilitaba a Roberto cada vez que aparecía. Él era un árbol orinado por una mujer acostumbrada a marcar territorio aunque ya no pensara regresar a habitarlo. Así comenzó una relación con problemas de "triareja", patología favorita para los psicoterapeutas.

PROBLEMAS
DE TRIAREJA

¿Qué pudo haberle atraído a Roberto de mí en un momento tan vulnerable de su vida? Antes de conocerme en persona vio mis fotos en facebook, leyó mis tuits y Rubén, nuestro amigo común, me vendió como una mujer exitosa, independiente y simpática, lo que le agradezco. Pero esas cualidades no son suficientes para tener novia a los dos meses de haberse separado después de un matrimonio de siete años.

> El problema de enamorarte después de una cita a ciegas es continuar la relación con los ojos cerrados. Las personas somos susceptibles a las caricias de todo tipo: del ego, el cuerpo y el alma.

Mi hermano, quien estaba recién divorciado, aunque era fan de Roberto, me aconsejó que hiciera como en el sistema operativo windows: antes de abrir una nueva ventana, se recomienda cerrar la anterior. Lo que quería decir es que Roberto no había resuelto su situación legal ni sentimental, por lo que me aconsejaba ir despacio para no salir lastimada. En las circunstancias de Roberto, el despecho oculto lo impulsó a buscar cariño, consuelo y diversión en una mujer para no sentirse abandonado; necesitaba una muleta de transición con aspirina para el dolor; ésa era yo, pero no quise aceptarlo. Raras veces conoces a alguien con quien te identificas tanto de inmediato y quise correr el riesgo de experimentar un nuevo noviazgo.

Roberto me había asegurado que no tenía intenciones de volver con Rubí, que jamás le perdonaría haberlo dejado solo en Europa, ni haberse llevado a sus hijos con todo y nana cuando les había tramitado residencia. Él quería ofrecerles calidad de vida pero su contraparte estaba insatisfecha; no pudo esperar un año para que vencieran los contratos que él tenía por cuestiones de impuestos, se aburría en un país tan ordenado y prefirió Miami antes que regresar a Sudamérica.

La reacción de Rubí ante el mensaje equivocado que Roberto le envió con palabras amorosas escritas para mí fue una bomba de plutonio que deterioró lentamente la posibilidad de rehacer con facilidad su vida con otra persona. Para él, a pesar del rencor, renació la esperanza de recuperar a su familia al más alto precio y, desde entonces, dudó inconscientemente de terminar conmigo, le faltó valor para retractarse de lo que con recelo generó. La madurez no siempre corresponde a la edad, esperaba de él más responsabilidad pero nos ganó el en-amor(a)miento.

En una etapa, Rubí significó para mí una ruda competencia. Desconocía si ella (después de haberlo abandonado pero al sentir que podía perderlo todo si la cambiaba por otra), estaría dispuesta a regresar con él para no renunciar al lujo y la comodidad a los que estaba acostumbrada por ser la madre de sus hijos. No sabía si con chantajes disfrazados de arrepentimiento lograría que él se mudara a Miami antes de lo planeado, y que ante la cercanía de la sangre yo quedaría fuera de la cancha. Lo único que balanceaba la jugada era que Roberto estaba de mi lado, decía que ella era una inmadura y estaba harto de sus estrategias para manipularlo. Confié en sus palabras, le brindé incondicionalidad y me pidió paciencia.

Una semana más tarde mi celular parecía álbum fotográfico, reporteábamos por mensaje cada paso que dábamos. Intercambiábamos videos del cambio de llantas en *pits* a su auto deportivo, fotos mías con tubos en la cabeza previas a mi transformación en personaje de villana. Hablábamos por teléfono dos horas diarias, palabras como: "amor", "preciosa", "te quiero" y "te extraño", eran nuestra vitamina.

Por mucho que he procurado vivir intensamente en el presente, Roberto siempre hacía planes: propuso hacer varios viajes juntos para conocernos más, en su agenda ya no tenía programado nada laboral el resto del año y calendarizó nuestras vacaciones con anticipación a varios destinos: Europa, Los Cabos, San Antonio y Boston. De noviembre a enero teníamos futuro, compró los pasajes de avión y me amenazó adorablemente diciendo que nunca me libraría de él.

Faltaban cuatro días para el gran estreno de mi obra de teatro y Roberto me apoyó en todo: iba conmigo a las entrevistas de radio que empezaban a las ocho de la mañana; me tomaba fotos detrás de cámaras en los programas de televisión y en las grabaciones de la novela; desayunábamos, comíamos y cenábamos juntos. Un día me confesó que ninguna de sus novias le había preparado un huevo, que Rubí estaba mal acostumbrada a que le hicieran todo y por eso estaba convencido de que aunque ella lo culpara a él de haberla abandonado en el cuidado de la relación, ella era quien lo había descuidado. Entre sus justificaciones para entender el fracaso de su matrimonio, comencé a interpretar el papel comprensivo de psicóloga que no juzga. En mi fascinación por estar con alguien que me alentara a luchar por mis sueños y ser mejor persona recogí mi casa, al grado de que Roberto, obsesivo del orden, le tomó una foto y se la enseñó a su mamá. Hay hábitos que deberían contagiarse porque la convivencia se complica cuando son diferentes las manías.

Llegó el momento de que él conociera a su suegra, quien me vino a visitar de Querétaro. Mi mamá siempre está al pendiente de mí por teléfono y en facebook espía cada paso que doy e interpreta mis publicaciones; ella sabía que necesitaba amor de mamá antes del estreno y fue a visitarme. Entonces los abrazos nocturnos de Roberto fueron suspendidos y sustituidos por deseo: esos días dormiríamos separados.

Recuerdo cuando me entregaron las primeras mil copias maquiladas de mi disco. Roberto fue el primero que me compró 20 para regalar a sus amigos, estaba súper entusiasmado con mi proyecto y con la idea de que su novia fuera cantante. Investigó entre sus conocidos, ¿quién podría orientarme para dar el paso a las grandes ligas? Lo intentó con el hijo de quien todos los domingos daba la patadita a nuevos artistas en su programa de televisión, pero no prosperó; sin embargo, me aconsejó que luchara y mi perseverancia y talento me llevarían lejos.

Cuando la emoción se desborda en el corazón, la euforia te hace reír y llorar al mismo tiempo; estaba tan feliz que quería gritárselo al mundo entero o escribirlo, como lo hice, en twitter: le dediqué mi primer disco. El efecto fue instantáneo porque la prole de Rubí ya me había investigado en redes sociales desde su país, incluyendo a periodistas de chismes, amigos de ella; y respondieron públicamente con ironía en el perfil de mi cuenta. Ese día, Roberto me advirtió que las hermanas de su ex eran unas arpías; me ordenó que las bloqueara, incluyendo a Rubí, entre otros nombres que podrían continuar con sus ataques. Ignoré los comentarios: para que haya *round* debe haber dos en el *ring* y todavía no me daban ganas de *knockearme* a nadie.

La siguiente encrucijada de Roberto fue que Rubí le envió un correo electrónico en el que inventaba que yo había vendido una entrevista en exclusiva, hecha por skype, a una televisora de su país para hacerme famosa, donde revelaba detalles íntimos de mi relación, y decía: "Le estoy dando espacio a Roberto y a Rubí para que arreglen sus cosas." Juraba haberla visto. Su "intención" era advertirle que estaba con una inexperta que lo utilizaba, además de que estaba metiéndome con ella sin su autorización, por tanto ella se metería conmigo sin ningún respeto. Por fortuna mi comunicación con él era tan buena que me reenvió el correo electrónico, aunque llegó a dudar de mí pues me preguntó:

—¿Sabes algo de esto o es otro de los jueguitos de Rubí?

—Es otro de sus jueguitos, no le hagas caso. Si tiene tanto acceso a la prensa dile que te envíe la entrevista —respondí.

Eso hizo, se la pidió y al no recibirla me creyó. Desde entonces fue más evidente el poco carácter que demostraba ante su ex mujer. Aunque no lo aceptara, le tenía miedo y terminaba sucumbiendo a sus caprichos. Creo que de las ex esposas de nuestros hombres de segunda mano tenemos mucho que aprender.

Roberto me prohibió publicar en redes sociales fotos en las que apareciéramos cariñosamente juntos, argumentando que Rubí estaría estoqueando para hacerse haraquiri, o utilizarlas legalmente en su contra, aunque sus abogados tenían un seguimiento de la separación donde figuraba el abandono de hogar por parte de ella, quien en ese sentido no le podía recriminar nada. Además, ella pronto le hizo saber que tenía novio.

Ése fue un golpe bajo para Roberto, él creía que se lo decía para generar celos, pero pronto averiguaríamos quién era el susodicho.

—¿Cuándo te firma el divorcio? —lo cuestioné. Ya que la cosa iba en serio era prudente saber.

—Eso va a tardar; si me divorcio ahora ella no puede quedarse en Estados Unidos porque está sujeta a la visa que tiene por haberse casado conmigo; la mía es por todos los años que tengo viviendo allá y cuando tuve mi escudería. Ella necesitaría tener una de trabajo para quedarse independiente o la regresan a Sudamérica con todo y mis hijos —argumentó.

—Yo estoy tramitando la mía de trabajo para hacer telenovelas en Miami o películas en Los Ángeles, si quieres le paso el contacto de mi abogada para que se la tramite —sugerí.

—No, gracias, yo tengo un abogado excelente que ha arreglado todos los temas de inmigración para la familia —concluyó.

Ese abogado excelente resultó ser el nuevo novio de Rubí, quien seguramente también abogaría por el divorcio si le interesara formalizar con ella.

Mi intuición comenzó a parpadear, la inseguridad tocó a la puerta de mi corazón. Roberto no estaba seguro de rehacer su vida y el beneficio de la duda lo respondería el tiempo porque el whatsapp que le mandó a Rubí "por error" había sido efectivo para reactivar la atención de ella, quien antes de enterarse de mi existencia brillaba por su ausencia.

—¿Tendrías más hijos? —pregunté capciosamente a Roberto.

—Estoy pensando en hacerme la vasectomía y congelar algunos espermas.

—Te lo pregunto porque yo sí quiero tener mi propia familia, y si tú ya no quisieras creo que estamos perdiendo el tiempo. Para que yo tenga novio es porque realmente tomo en serio el compromiso, de lo contrario no hace falta el título.

—No me presiones y dejemos que el tiempo acomode las cosas —evadió la conversación sin profundizar en el tema.

¿Qué nos hace continuar una relación que sabemos tiene dificultades, que si fuera de dos sería complicado resolver pero de tres es casi imposible? En mi caso ya había tenido un noviazgo similar: hombre de 48 años en proceso de divorcio. Pero si a esto le agregas larga distancia, dos hijos y una esposa con álter ego napoleónico. Al parecer me gustan los retos o tengo una dosis de masoquismo.

Un día antes de mi estreno tuve grabación, esta vez ya tenía chofer que me llevara, Roberto me lo recomendó. Iba recostada en el carro escuchando a Elena, quien pedía a sus radioescuchas que le escribieran a su twitter @alaireconelena y la primera persona que le respondiera: "¿Por qué el matrimonio deja de funcionar?", se llevaría como premio el libro *La hoja en blanco*.

Leyó algunas participaciones: "Por falta de respeto, comunicación, compromiso y tolerancia. Por una mala elección, por no conocerse bien a sí mismos. Porque es muy largo y tedioso, de un placer hicieron una obligación. Porque las mujeres ya no somos tan pendejas y ganamos más dinero que ellos. Porque se casan ilusionadas con la boda y no convencidas del compromiso. Porque nos guiamos por la emoción y no decidimos permanecer a pesar de la adversidad. Porque el amor se transforma. Porque no se respeta la individualidad y deja de disfrutarse la pareja. Porque lo conforman más de tres, hay muchas zorras y perros infieles."

Ojalá alguien escribiera cómo sí funciona para salvar la institución familiar, que tuvieran twitter quienes llevan más de 30 años juntos, que nos compartieran su experiencia de cuando tuvieron la noche más oscura de su matrimonio y el dragón de la voluntad los salvó de su mayor crisis en pareja. Mis dos abuelas enviudaron jóvenes, no tengo referencias cercanas, mis padres y hermanos todos son divorciados. No tengo miedo a quedarme soltera sino a que mi matrimonio fracase.

Yo creo que este sistema de civilización funcionalmente es obsoleto pero todavía aspiramos a la boda por tradición y educación sentimental cargada de romanticismo; creemos que el amor sólo viene empaquetado en pareja y nos olvidamos de amarnos a nosotros mismos antes de esperar que alguien nos complemente. Más allá de las creencias, la monogamia es uno de los mayores sacrificios de la carne y el alma porque limitarse al amor de una sola persona es castración; las tribus antiguas eran politeístas, cuestión religiosa pero no falta de fe.

El contrato civil y religioso del matrimonio para los católicos o judíos es muy complejo, exige monogamia, amor romántico, buen sexo, que funcione económicamente y para toda la vida. Los mejores contratos son los que no se necesitan, cuando se complican es por temor a la traición y la posibilidad de demanda.

Quienes logran lo anterior con impecabilidad son héroes sociales a quienes les debemos monumentos para recordar que se puede y su legado debería ser una tesis. Si alguno de los ingredientes falla, como humanos imperfectos que somos y como pecadores, la verdadera enseñanza sería crecer nuestras debilidades de manera personal en espejo con la pareja, con dignidad y perdón continuo. La tecnología nos impacta en el carácter, nos hemos vuelto impacientes, neuróticos e intolerantes desde que las opciones son múltiples para todo; es fácil confundir nuestros deseos verdaderos, perdemos el tiempo probando y desechando fácilmente lo que no nos satisface, incluyendo a las personas que elegimos como pasatiempo. La industria del divorcio crece junto con la nulidad del sacramento.

Construimos sentimientos sobre relaciones sísmicas y soportamos temblores hasta que se cae la casita. Las reformas sirven para evolucionar en sociedad, y así como caen algunos sistemas de gobierno, estamos a punto de cambiar este esquema.

En la opinión de Elena, las personas se divorcian cuando se casan por las razones equivocadas como embarazarse, por comodidad, costumbre, conveniencia, presión social o miedo a la soledad. La última razón es muy profunda y quizá el motivo por el cual Roberto me pidió que fuera su novia; los hombres no saben estar solos ni cuando están acompañados. Mientras reflexionaba ponía atención a las palabras de Elena en la radio:

> La soledad es la ausencia de relaciones sociales satisfactorias y comienza con la desintegración familiar. Se manifiesta de diversas formas, como trastornos de la mente y las emociones: depresión, ansiedad, adicciones o enfermedades psicosomáticas, puede orillar incluso al suicidio.

Qué lamentable poner fin a tu vida por soledad. La hermana de mi mamá se suicidó al disparar el gatillo de una pistola que su marido tenía en el buró de la recámara. Ella era hermosa, tuvo tres hijos con un médico árabe muy rico, pero el dinero mal empleado puede convertirse en la más grande tragedia, en vez de un medio de placer. Uno de sus hijos tenía problemas auditivos y en su lucha por sacarlo adelante no resistió la presión económica, algún misterio encierra esta pérdida.

Deprimirse es muy fácil cuando no se llenan nuestras expectativas en la vida o las dificultades son más fuertes que nosotros. Cuando se acaban las ganas de vivir es como cuando el cuerpo no asimila ningún alimento: es dejar de nutrir el alma.

La culpa de no haber podido prevenir un deceso de este tipo es grande en familiares o amigos cercanos. El suicidio es una enfermedad que no siempre mata, puede detectarse a tiempo con síntomas notables, nadie es inmune a la depresión. Las estadísticas que dio Elena son alarmantes: "En el mundo un promedio de tres mil personas se suicidan diariamente, y al menos veinte lo intentan sin conseguirlo".

Nadie pide venir al mundo, ni los niños prematuros, pero en la tierra del libre albedrío muchos deciden irse antes de tiempo. Elena explicó:

> Considerando censos de todo el mundo, al día nacen aproximadamente 364 335 y mueren 171 729, lo que significa que diariamente hay 212 625 personas nuevas, está sobrepoblado nuestro planeta y a las personas se nos dificulta cada vez más encontrar pareja.

La naturaleza recicla los huesos que incineramos porque en los panteones ya no cabemos. Tampoco en las avenidas con tanto coche estacionado que sale de edificios donde habitamos como cien personas en veinte pisos. En los hogares ya no hay privacidad y la falta de espacios armoniosos genera violencia. Incluso el clima afecta el carácter de la gente, por eso en los países en los que la luz del sol dura cinco horas al día, como Finlandia y Dinamarca, el índice de suicidios aumenta. Ir al psicólogo es un lujo que muchas personas con trastornos no pueden pagar. Se necesitan varias terapias para mejorar la salud pública:

> Según el estudio "Costo social de los trastornos mentales", de Pro Voz Salud Mental, las mujeres sufren casi el doble de depresión en comparación con los hombres, pero el índice de suicidios consumados es más alto en ellos. En México, de 5 012 suicidios en un año, 4 091 fueron varones y 921 mujeres; 2 107 solteros y 1 614 casados.

Es preocupante cuando hacemos una pausa y observamos que a nuestro alrededor hay muchas personas deprimidas que no saben cómo sacarle provecho a la soledad porque están insatisfechas con lo que tienen, aunque tampoco se esfuerzan por ser mejores. Sin ir más lejos, sucede en nuestra propia familia y a veces en nosotros mismos:

> La parte más peligrosa de la depresión es cuando se abre una puerta hacia el vacío. Adolescentes y jóvenes entre quince y veinticuatro años, ocupan el primer lugar en sectores vulnerables; en segundo lugar se ubican personas adultas y en tercero, adultos mayores; sin embargo, se ha detectado un incremento en niños menores de diez años.

No me explico cómo un niño puede quitarse la vida, debe ser un dolor insuperable para los padres, si no es que son huérfanos quienes lo hacen.

> Según la OMS, la mayoría de los suicidas dan señales evidentes de sus intenciones. Es importante no ignorar las amenazas de auto-lesión y tomar medidas para reducir el riesgo de quienes expresen deseos de morir.

El único ser humano que realmente ha estado solo en el universo fue Adán, era soltero, por eso vivía en el Paraíso. ¡No tenía madre, ni suegra! Solamente necesitaba respirar, comer, dormir y cagar para sobrevivir feliz, hasta que lo abortaron a la Tierra con el producto de su costilla, y desde entonces comenzaron los problemas de pareja: "Por tu manzana…" "¡No! Por tu culebra".

Según el libro del Génesis, Dios nos castigó, le dijo al hombre: "Ganarás el pan con el sudor de tu frente", y a la mujer le expresó: "Multiplicaré en gran manera tus dolores y tus preñeces, con dolor darás a luz los hijos… Todo tu deseo será para tu marido y él tendrá dominio sobre ti." ¡Ya perdónanos, Señor! Si fuimos expulsados por desobedientes entonces, ¿para qué nos diste el libre albedrío? Seguramente para que experimentemos el arrepentimiento, porque seguimos rebelándonos a las órdenes de nuestro creador. Al hombre ya no le alcanza para ganarse el pan que Dios le manda y ella le exige; y ella está harta de depender de un flojo al que no le alcanza, prefiere levantarse a trabajar todos los días para dejar de pedir dinero y dejar de pedir permiso, prefiere autosuficiencia, autonomía y dominio sobre sí misma. Lo injusto es que la mujer no sólo suda para ganarse el pan, sino que sigue sudando para tener y mantener a sus hijos; o sea, dos sudores contra uno. Tenemos que renegociar y dejar de hacerles su tarea si queremos que los roles de pareja sean equitativos.

El exceso de madres solteras que se han liberado del *bullying* intrafamiliar y no reciben un centavo del padre de sus hijos es muy alto, podrían fundar tres ciudades enteras sin hombres adultos, lo cual homenajearía los poemas de Safo en la isla de Lesbos. Aplaudo a las mujeres que se sacrifican heroicamente para sacar adelante a sus hijos, quienes se convierten en el motor de su vida pero, ¿qué culpa tienen los hijos de crecer desde pequeños en soledad al no tener una estructura familiar o ejemplo de compromiso entre una pareja? Elegir el padre a un hijo es una responsabilidad tremenda porque él será el modelo que tendrá toda su vida.

Cuando escucho las historias de amigas o familiares divorciadas que se encargan de la manutención de sus hijos y no terminaron bien la relación con sus ex maridos, pienso que me daría pavor caer en una situación similar. Las agresiones o la indiferencia estresan al grado de evitar la comunicación con ellos y preferir que se aleje aunque no aporte económicamente ni para vivienda, colegiaturas, ropa o medicinas. Es tan complicado para los niños o adolescentes mudarse de partido cada fin de semana en casa del padre o la madre que, en su mayoría de edad, terminan por alejarse de ambos y no desean casarse; es decir, desde pequeños no gozan de una familia y crecen en soledad, sin entender qué significa un compromiso o conocer muestras de cariño entre quienes les dieron la vida o alguna nueva pero saludable figura paterna o materna.

Hay ex maridos en condiciones privilegiadas para quienes lo más importante es dar bienestar y ejemplo a sus hijos. Este tipo de hombres por lo general lleva una buena relación con la madre, quien regularmente es la desubicada que entendió mal la liberación femenina, dejó el hogar y no encuentra felicidad en ninguna parte.

Nos han enseñado que ser felices es casarse, tener hijos, jugar a la casita, tener una Suburban para el equipo de futbol. Pero nadie nos hace reflexionar sobre la posibilidad de ser feliz estando soltero, porque el amor se manifiesta de muchas maneras. Visto de otra manera: si ser feliz y exitoso implica casarse, un porcentaje mayoritario de población, los solteros, estamos jodidos y fracasados.

Escuchar a Elena me hace reflexionar y recordar etapas difíciles de mi vida. Sufrí la mayor soledad cuando tenía 20 años y estudiaba actuación. Mi escuela era una selva llena de fieras envidiosas y competitivas. Una profunda depresión bajó mis defensas, debilitada fui al hospital pero ningún médico logró diagnosticar mis síntomas. Pasé 20 días internada en terapia intensiva, un sacerdote me dio la unción de los enfermos pero volví a nacer más fortalecida.

Soltería proviene del latín *solitarius:* sin pareja "formal" ante la sociedad, ley o religión, promiscuidad si quieren, pero jamás soledad. Mientras tengan a alguien con quien compartir, llámese amigo, familiar, comunidad, compañeros de trabajo o público, jamás estarán solos en el mundo.

Antes de hacer mi primera comunión, a los siete años, fui a clases de catecismo. De las tablas de Moisés, el sexto mandamiento no formaba parte del léxico cotidiano; sin embargo, era una prohibición común. Cuando pregunté su significado a mi madre me respondió tan ambiguamente que en caso de cometer pecado jamás habría sabido que era malo.

—¿Qué es fornicar? —cuestioné a quien me trajo al mundo.

—Faltar a tu cuerpo —me respondió avergonzada.

Entonces, ¿si comía chocolates y engordaba, o me lastimaba los pies con el ballet tenía que decírselo al sacerdote cuando me confesara? Por mucho tiempo fui una fornicadora ignorante que disfrutaba plenamente de su sexualidad hasta que descubrí que era pecado y me condené a mí misma martirizándome culpable. Antes no había google o wikipedia para consultar lo que tus padres no sabían responder. El sexo es una de las mayores debilidades humanas, la lujuria se respira en el mundo y mientras más prohibiciones sin orientación espiritual, mayores patologías se desarrollan en la gente.

Respecto a la masturbación, los médicos sexólogos recomiendan a las mujeres que se autoexploren para identificar sus zonas erógenas, vivir una relación más plena con su pareja (y no estar insatisfechas por la frigidez) y así eviten la infidelidad de sus hombres que buscan hembras liberadas de prejuicios para fornicar.

Finalmente, una persona casada que se masturba con su pareja, fornica. Una persona casada que tiene relaciones fuera del matrimonio, fornica y es adúltera. Una persona soltera que se masturba o tiene relaciones con otra, fornica, pero no es adúltera. Por tanto, todos somos fornicadores por gula o lujuria, pecamos contra la carne con actos impuros que no tienen como fin exaltar la facultad reproductiva del creador, pero la abstinencia no es opción teniendo varios métodos anticonceptivos.

Nuestro temor llega a reprimir la razón. Recuerdo un *affaire* con un hombre educado bajo los preceptos del Opus Dei hacia la santidad. Conmigo hacía lo que con su novia reprimía, aunque nunca mencionó que la tenía: lo descubrí cuando me confesó la verdad, porque su ideal era casarse con una virgen y le dio un anillo de compromiso. Tanto hablaron de Dios que ella se enamoró de Cristo y cumplió con los votos de castidad cuando se ordenó como monja en una congregación de España. El karma para él llegó más lejos, no se comunicó en un par de años pero sabía que daba conferencias acerca de la pureza en la intimidad matrimonial. Me buscó de nuevo cuando yo vivía con el novio con quien me iba a casar, que me duplicaba la edad. Me contó que se había casado pero era infeliz porque su esposa virgen tenía una enfermedad llamada vaginismo: al momento del coito se contraen involuntariamente los músculos de la vagina y no puede haber penetración, por lo tanto tampoco tenía sexo ni hijos. Consultaron médicos especialistas pero no hubo evolución. La culpaba por no poder concebir juntos una familia y al paso de dos años este inconveniente lo llevó a disolver de forma conflictiva el sacramento de su matrimonio, frustrado por sus creencias y arrepentido por su doble moral.

> Ser bueno o malo es un juicio de valor, hay que conocer nuestro lado luminoso y también el oscuro, distinguir el placer del dolor sin dañar a terceros, mucho menos a uno mismo.

Por ejemplo, mientras estuve internada en el hospital, la cortisona me salvó, pero el mismo medicamento puede dañar a otros que sean alérgicos. Por lo tanto, decir que la cortisona es buena o mala sería una generalización sin fundamento. El creador del universo comprende todo lo que abarca, el día y la noche, su misericordia es infinita y no podemos reducir su juicio a la dimensión de los seres humanos, incapaces de usar al cien por ciento el potencial de nuestro cerebro.

Elena continuó con el tema de la soltería:

> Según el alemán Matthias Horx, hay nueve categorías de solteros. Solteros alegres son aquellos jóvenes que disfrutan el tiempo libre y experimentan con las reglas afectivas, son el estereotipo favorito de la publicidad.

Yo soy súper alegre, la soltería es como el laboratorio del amor, prueba y error. Aún no encuentro la fórmula perfecta para dejar este estado de formular hipótesis.

SOLTERA PERO NO SOLA

> Los refugiados del hogar son las personas de entre 20 y 25 años que dejan la casa de sus padres, aunque su nueva vivienda la paga papá; por lo general, niñas mimadas o *juniors*.

Afortunadamente ya superé esa edad y soy autosuficiente.

> Las solteras en pánico son mujeres entre 30 y 40 años, con buena educación y empleo, pero sus altas expectativas les impiden conseguir pareja.

Esta categoría me pega un poco, pero si no fuera exigente estaría casada con cualquiera. Me gusta sentir admiración por mis parejas sin que exista competencia.

> En la cuarta categoría están los "solteros frustrados", hombres de entre 30 y 45 años con escasa educación, a quienes las mujeres con altas expectativas no les hacen caso.

En alguna ocasión, un compañero de la universidad me reclamó que me juntara con puro chingón: tenía razón, no sé qué hacía juntándome con él, mediocre.

> Los solteros tácticos son los que no se van a vivir con su pareja y prefieren conservar su propio espacio para retraerse.

¡Válgame Dios! Si esto fuera concurso para ver quién clasifica en todas las categorías, yo lo ganaría. Mientras más años vives solo te acostumbras a la privacidad de tu espacio, y si alguien permanece más de una semana en él te sientes invadido.

> Los solteros de tiempo parcial son personas que mantienen varias relaciones simultáneamente: además de vivir en su hogar con hijos, viajan por su trabajo y se hospedan en hoteles. Están casados pero debido a su agenda semanal de trabajo hay días disponibles para la infidelidad organizada.

Conozco a varios hombres con prestigio que cuando saben que estás soltera te hacen objeto de sus propuestas indecorosas. En estos casos hay que aprender a rechazar con elegancia porque además, si no aceptas, se ofenden y en la guerra laboral es conveniente mantener relaciones provechosas sin perder el respeto.

Elena mencionó a otros tipos de solteros maduros: los activos que son personas separadas, divorciadas o viudas arriba de 58 años y abiertas a formar nuevas parejas; y los resignados, quienes ya cerraron el changarro. También habló del celibato como un estilo de vida para los que no se casan o no tienen una pareja sexual, no sólo en sentido religioso sino filosófico, como la opción de la que hablaban Platón y Sócrates: los griegos veían el celibato como un elemento primordial para quienes se dedicaban por completo al conocimiento.

En *El banquete,* Sócrates da su propia interpretación del amor en un diálogo con Diotima donde afirma que hay dos tipos de fecundidad: la del cuerpo mediante la procreación de hijos [...]u, que produce sabidu[...] nacido de los poetas y [...]n.

[...]ponernos el sacramento [...]r felices. Yo creo que la [...]cionales. Así como cada [...]preferencia sexual o par[...]u estado civil. Un primo [...]n lujo que no podía pagar, [...]el hogar. La vocación del [...]todos por el de una pareja

El camino de la soltería exige renunciar al amor de una pareja para recibir el amor de todas las personas, ¡no está mal! Lo malo es que a veces "todas las personas" no están disponibles justo cuando las necesitas.

Pero se rumora que hay muchas formas de llenar el vacío: compras, viajes, mascotas, trabajo, deporte, yoga, redes sociales, helado de chocolate o vibradores.

Antes de llegar a la grabación, alcancé a escuchar las ventajas de la soltería que la gente escribía en twitter @alaireconelena:

Llegas a tu casa y no hay nadie que te esté chingando, abres el refrigerador y tienes la comida que a ti te gusta y si está vacío, nadie te reclama. Si no quieres lavar platos le pagas una vez por semana a una empleada doméstica que se encargue del aseo. Te quitas la ropa, andas en pelotas y nadie se ríe de tus miserias. Prendes la televisión en el canal que te da la gana. Si te sientes solo, usas la agenda electrónica de tu celular y alguien estará disponible para calentar tu cama sin convertirse en el huésped de casa llamado cónyuge que nunca se va. Dispones de tu tiempo y dinero, nadie se opone a tu rutina, viajas sin hacer concesiones, nadie tiene derecho a hacerte escenas de celos.

Me alegró verificar que, en mi noviazgo con Roberto, esas ventajas las mantenía porque mi libertad es lo más valioso que poseo y la defenderé a toda costa, independientemente de cualquier estado civil. Una de las desventajas de tener novio es que el menú de galanes se restringe cuando se enteran de que estás con alguien, y más si éste es exitoso. Quienes te protegían se alejan por respeto y competencia, luego cortas y difícilmente los recuperas; excepto los pretendientes incondicionales que se conforman con tu amistad porque saben que contigo no habrá chance de algo más.

Llegué a la televisora, el chofer de Roberto pasaría por mí cuando terminara para llevarme a casa con mi mamá, y luego iríamos a cenar los tres en un restaurante cercano. Mientras me arreglaban sentí curiosidad por leer las desventajas de la soltería que Elena preguntó a su auditorio. Entré a su twitter y decían: "Vida sexual escasa. Aislamiento, egoísmo y depresión si no tienes quién te haga *piojito*. No hay con quien compartir fechas especiales. Cargas de trabajo extenuantes. Miedo, angustia y aparición de manías. Falta de conversación sobre asuntos familiares. Ignorancia sobre cómo educar a un hijo. Desconfianza al delegar tareas. No tener a quien heredar tus cosas valiosas. No tener a quien gritarle el típico: '¡No hay papel!' No encajar en los planes de tus amigas casadas porque ellas creen que les quieres bajar al marido. Siempre quieren presentarte a alguien y uno acepta cuando la persona está bien recomendada o necesitas cariñito. Te conviertes en la nana de tus sobrinos."

En algunas me quedó el saco pero otras, como la última, creo que en vez de verlo como algo negativo tiene cosas buenas. Por ejemplo, me encanta jugar con mis sobrinos, son sangre de mi sangre, una bendición; sólo que yo no cargué una panza gigante durante nueve meses, ni me salieron manchas de paño o estrías. Cuando me canso después de convivir con ellos porque los niños tienen mucha energía, se los devuelvo a su mami para que ella los eduque, castigue y mantenga. De igual forma con los hijos de Roberto, a quienes conocería en Navidad.

Esa noche cenamos con mi mamá, quien dudaba que todo lo que él decía fuera cierto: creía que su orgullo acerca de sus logros era una pantalla de alguna inseguridad o resentimiento oculto, pero le gustó su carácter y buenos modales.

Al día siguiente estrené mi monólogo, hubo alfombra roja y prensa. Roberto fue con su papá, quien al término de la función, cuando su hijo pasó al escenario a entregarme un ramo de flores y me dio un beso, se enteró de que era mi suegro; desde ese momento le advirtió que era muy reciente su ruptura con Rubí y se fuera despacio para que nadie saliera lastimado, pero le pidió que no le dijera nada porque sabía muy bien lo que hacía. Roberto nunca me había visto actuar con público y yo nunca lo vi, más que en videos, manejar en una carrera. Lloró de la emoción al verme realizada en escena; antes de la función estaba nervioso y esperaba que llegaran todos los invitados y se llenara el teatro. Ahí se lo presenté a mi familia completa. Con mi hermano hablaron de coches durante el *cocktail* y mi papá al despedirse le dijo: "Te la encargo."

Después fuimos a cenar él y yo solos, mi mamá regresaría esa noche a Querétaro con mi papá. Roberto cuestionaba mi trayectoria, así como mis aspiraciones. Me repetía constantemente:

—Vas a llegar —y yo le respondía:

—¿A dónde? Yo ya llegué, soy lo más cercano a lo que soñaba ser de niña y todo lo que se sume es privilegio.

—Tienes todo para triunfar, no te conformes —insistía.

Me enamoraba la paciencia con la que Roberto escuchaba mis historias, creía que le gustaban. Quería que supiera todo de mí, en vez de dejar que poco a poco él lo descubriera. Él era bueno para las apariencias y malo para comunicar sus verdaderos sentimientos, en el fondo le cansaba que la gente hablara demasiado.

Pasado el estreno, nos internamos tres días en el hotel de siempre, literalmente a dormir, que era su actividad favorita conmigo. Después supe que eso hacía cuando estaba deprimido pero me decía que yo era la que necesitaba descansar más porque el insomnio es mi enemigo. También tuvimos tiempo para platicar más y le cambiaba el rostro cuando me contaba sus hazañas como cuando logró correr junto a los mejores pilotos como Fittipaldi, Andretti y Paul Tracy a 223 millas por hora, además de haber cumplido un sueño que parecía inalcanzable: ser dueño de su escudería, Quintana Racing.

Nuestra primera crisis se debió a comentarios intransigentes acerca de mi desorganización con el tiempo. Un día me acompañó a casa de un amigo que me estaba ayudando a editar el video de mi estreno, estuvimos ahí tres horas y me echó en cara que tardé más de la cuenta porque mi mente es dispersa. Comparaba la etapa profesional de mi carrera con sus logros por tener un sistema y estructura para hacer las cosas. No aguanté la presión, sus palabras me hicieron llorar porque no buscaba en él un *coach*, sino un abrazo comprensivo.

Le agradecí su intención de optimizar mi vida y me pidió perdón por el modo tan brusco de instruirme, explicando que por esa razón muchas de sus parejas no lo aguantaron, pero que sin ese rigor jamás hubiera llegado adonde estaba. Esto me hizo reflexionar acerca de las prioridades entre lo profesional y lo personal. Quizá mi meta no era ser la número uno como él y quedarme sola o formar una familia tardíamente que después tampoco podría disfrutar.

Roberto regresó varias veces a ver mi obra, con su mamá, tíos, hermana y amigos; ya casi era parte del *staff* porque le gustaba estar en camerinos o en cabina para conocer un mundo distinto a los *pits*. Después estuvo fuera de México un mes, primero viajó a Miami para ver a sus hijos y luego de regreso a Europa. La distancia no era un impedimento para nuestra relación porque la tecnología nos acercaba, ambos teníamos tiempo y dinero para tomar un vuelo. Pero estando allá decidió mudarse a Miami un año antes de lo planeado, no resistió la soledad.

En ausencia de mi amado, comencé un nuevo diario dedicado a Roberto, el cual titulé *Bitácora de sentimientos*. Lo primero que escribí fue: "¿Cómo pude llenar su vacío en menos de un mes?" Me alertaba esta situación, la realidad se actualiza con acciones y señales que suceden a través del tiempo. Me preocupaban varias cosas: "¿Seré yo un placebo para su ego o una aspirina para su alma?" Claramente me dijo en una ocasión por teléfono: "Lo que en este momento siento por ti, en tres meses puede cambiar si veo algo que no me gusta o si mi familia pesa más, con todo el dolor de mi corazón te lo diré."

Cada noche, a manera de carta, le escribía lo que me nacía para compartirlo con él y tener registro de cómo una relación evoluciona o se acaba cuando las cosas cambian o se descuida:

El amor no es una competencia donde triunfa el más veloz, yo no deseo sentir que en la espalda llevo un número que desafía a otros por un trofeo. Yo misma soy valiosa y merezco a alguien que con delicadeza acaricie mi corazón. De mi parte te he brindado honestidad, amor sincero, voluntad para afrontar situaciones desgastantes sin tener ninguna necesidad de pasar por esto, un proceso de divorcio, ¿quién desea eso? Yo soy una mujer libre, con luz propia, sin miedo a la soledad con la que me he criado, incluso la estimo.

Roberto, no viertas en mí los juegos que te torturaron, rompe el círculo vicioso. Decirme: "Consíguete a un novio B, voy a pensar si quiero regresar con Rubí, mañana te digo, vuelvo y si no funciona te busco, es una burla que no aporta nada a mi intelecto y lastima mis sentimientos. Preferí no reaccionar porque el más vulnerable en estos momentos eres tú. Por eso te respondí: "No me provoques." Yo también tengo humor negro que destroza a cualquiera que no tenga bolsa de aire en el pecho para recibir bromas, verdades disfrazadas de sarcasmo... bad signal.

Acerca de ponerme un tapón en la boca o que cierre el pico... Sin palabras, es mi naturaleza comunicar y si no estás dispuesto a escuchar, entonces tenemos un problema porque te puedo cansar y tú también hablas mucho, eres muy repetitivo. En fin, ya me voy a descansar mientras tú duermes junto a tus pulguitas, como le dices a tus hijos, y Rubí frustrada en su casa después de quererte recuperar. Cuando me contaste que desde el lobby *del hotel ella te marcó por teléfono llorando y te pidió que regresaras con ella sentí que lo nuestro se había terminado, pero gracias por demostrarme que puedo confiar en ti y que me "diste mi lugar".*

Las tentaciones comenzaron cuando una prima me presentó a un hombre de la misma edad que Roberto, sólo que con un hijo mayor de edad y completamente divorciado. Lo conocí en una cena, me cayó bien pero le dije la verdad, que tenía novio y estaba muy enamorada. Cuando supo quién era mi novio se rio: al conocer las circunstancias afirmó que cuando un hombre se separa no sabe lo que quiere, pero me deseó suerte. En ese instante Roberto me marcó y preguntó:

—¿En dónde estás?

—Cenando con mi novio B —le respondí. No hizo ningún aspaviento de celos.

Al día siguiente me pidió que quitara las fotos que había subido a facebook en las que aparecíamos juntos el día del estreno de mi obra; sentí que yo había hecho algo que realmente le había molestado y las eliminé para evitar problemas. Era obvio que lo hizo porque a su ex le molestaba. Por mi miedo al abandono tuve ganas de salir corriendo. Al principio parecía la relación ideal pero al poco tiempo afloraron los defectos. Terminar era algo que sabía hacer muy bien, pero afrontar las dificultades sin egoísmo era algo que quería aprender. Cuando entrenas un músculo para desarrollarlo, duele; así ardía mi pecho, señal de que mi corazón estaba creciendo.

Me alegraba saber que pronto estaríamos geográficamente más cerca. Antes de conocerlo comencé el trámite de mi visa de trabajo con mi *manager* que vive en Miami para buscar contratos y actuar allá en telenovelas. A las dos semanas sin verlo realicé mi primer viaje a visitarlo. Le mandé un whatsapp que decía: "Amor, ya empaqué para irme al teatro y mañana al aeropuerto. Tengo muchas ganas de verte." Pensaba en lo que nos depararía ese viaje.

Una exitosa amiga, actriz y confidente, Consuelo Rivas, estaba de visita en México pues radica en Miami. Ella me motivó a que fuera a apoyarlo emocionalmente durante su nostálgica estancia solo en Europa, en la casa donde antes convivía a diario con sus bebés. Acorté la distancia para mantener la llama encendida. Quedó sorprendido con una cena hecha por mí (su ex mujer nunca le cocinó ni un huevo) y viajar tan lejos para acompañarlo un par de días lo enamoraría aún más.

LA MADRE
DE SUS HIJOS

Roberto me recogió en el aeropuerto de Milán, manejó hasta Suiza en su Aston Martin. Pasamos unos días muy pacíficos, nos acompañamos rodeados por la belleza natural en un país demasiado civilizado. Feliz de compartir nuestros mundos, hicimos un viaje de confesiones para conocernos, comprendernos y aceptarnos más.

Estaba nublado y llovía pero de todas maneras era precioso. Su departamento impecable. Me dijo: "No te asustes." Ordenado, limpio y empapado de recuerdos, fotos de sus hijos por todas partes. Me indicó en qué clóset de otra habitación podía dejar mi ropa. Quitó todo retrato de Rubí, lo que quedaba de ellos estaba guardado en carpetas electrónicas perfectamente clasificadas por año y ciudad. Fuimos al centro caminando con paraguas, comimos rico, yo una sopa minestrone y él una pizza enorme. Volvimos a casa en autobús "Malpensata". Hicimos el amor: "¡Esto no es Laguna seca!", le dije en broma y nos quedamos dormidos. Desperté a las 10:30 p.m.; por el *jet lag* creí que era el día siguiente, platicamos un par de horas y dormimos nuevamente muchas horas más. Desperté a las 5 a.m., sonó el cucú de sus hijos, caminé un poco por el pasillo y la sala, regresé a la cama hasta que nos levantamos a desayunar. ¡Qué bonitas fotos nos hicimos con el fondo de los troncos negros y hojas amarillas sobre el suelo junto al limpio lago con escasos patitos! Otro día cenamos con su entrenador y la novia campeona en salto de altura. Mientras él organizaba sus cosas para dejar el departamento rentado, y vender sus carísimos muebles cuando se mudara en diciembre a Miami, yo trabajaba en la computadora.

Fue un largo viaje para una estancia de tres días, pero tenía que regresar a dar función de teatro. El último día me llevó a Bellagio, era todo nuestro, había muy poca gente. Manejó hasta el lago Como, abordamos un barquito para cruzar, tomamos vino tinto y regresamos. La carretera se prestaba para contemplar el paisaje en silencio o inspirar una conversación profunda de confesiones. Hay baches del pasado que jamás creí que le compartiría a mi pareja, pero confié en él y él en mí.

Comencé por narrarle uno de los episodios más lacerantes de mi historia. Cuando más desamparada me he sentido. En ese entonces estaba recién llegada a la ciudad de México, casi no conocía a nadie y acepté la invitación a casa de un actor muy famoso por su atractivo; incluso me pasó a su novia por teléfono, ambos muchos años mayores que yo. Creí que la pasaría bien y me cuidarían, pero lo que querían era alimentar sus bajas pasiones conmigo, ¡ambos! Mandaron a un chofer que pasó a recogerme al departamento donde vivía, me llevaron a su casa, muy lejos de la civilización, parecía un castillo moderno de mal gusto. Ella estaba con sus bebés, unos gemelos que dormían en la habitación contigua; cenamos mientras veíamos la programación del Canal de las Estrellas.

Cuando quise dormir comenzó el problema: sus narices tenían polvo blanco que aspiraban en bandeja de plata, me ofrecieron con insistencia pero rechacé su oferta. No sabía cómo huir de ahí, mi educación inclinada hacia la forzada cortesía me impedía ser grosera, creí que si cerraba los ojos me fugaría de esa realidad. En posición fetal fingí somnolencia, escuché cuando él le pidió permiso a su mujer para meterse conmigo: "¿Me das permiso de comérmela?" Ojalá ella me hubiera defendido, mi anestesia no ahuyentó su apetito. Si quería irme no tenía forma de escapar; desconocía el domicilio, no tenía celular y seguramente no habría señal; era lejos y tampoco tenía el teléfono de algún taxi. Sentí mucho miedo, junto a la cama en el buró había un arma y tampoco quería investigar si estaba cargada o si alguna vez había sido disparada.

Acosada sexualmente, ella miraba cómo su novio comenzó a tocarme y quitarme la ropa a pesar de mi voluntad. Resistí sin excitar su fuerza, mis únicas opciones eran: agresividad para defenderme o cooperar para no sentirme violada por una pareja insaciable. Él le pidió a su esclava que me besara y ella obediente seguía sus órdenes. Desnuda puso mi mano sobre sus senos, era una mujer sofisticada con mirada penetrante y voz seductora; delgada como modelo aunque no recuerdo con precisión los detalles de su cuerpo, anulé esta experiencia en mi memoria como si nunca hubiera sucedido; me comí el secreto, me parecía demasiado vergonzoso contarle a alguien lo que me había sucedido. Comprendo que alguien pueda gozar de los tríos u orgías, como de relaciones homosexuales o cualquier tipo de filia; pero cuando te obligan es un abuso imperdonable, una humillación traumática y criminal que a veces ni el tiempo libera porque denunciarlo hubiera agrandado el problema.

Cuando le platiqué la experiencia a Roberto, él me ayudó a verbalizar aquellas emociones ocultas y me contó que tuvo una novia con secuelas por haber sufrido una experiencia similar. Él también se animó a confesarme intimidades. A los 12 años tuvo su primera relación sexual con una prostituta que estaba en sus días; lo llevó su papá y recordó que fue muy desagradable. Más grande tuvo una amante brasileña tan fogosa que mientras copulaban le fracturó el pene. ¡Qué dolor! Un cartílago que a veces es más blando que la mollera de un recién nacido, en la plenitud de su rigidez, es posible que se parta en dos y requiera intervención quirúrgica o remedios caseros. No hizo falta más descripción, además del tronido y moretón, para imaginar que aun el placer puede acomplejarnos.

Otro tema importante que hablamos fue su intención de hacerse la vasectomía y congelar algunos espermas. Le dejé claro mis ganas de formar mi propia familia, aunque él tuviera la suya: podríamos juntarlas. Pero quedó en suspenso.

Sin tiempo para *shopping*, le compré unos chocolates a mi mamá, siempre he creído que son carísimos en Europa. Al regresar a casa empacó y casi en vivo nos fuimos al aeropuerto. Cumplí con su petición de mantener la excursión en privado para no alebrestar el sistema nervioso Quintana con reacciones *rubimentarias*. Nos despedimos nuevamente en inmigración al llegar a Miami; yo transbordé a México y él a Phoenix para ser Grand Marshall en Nascar; luego regresaría a Miami para ver departamentos, estar con sus hijos y una semana después conmigo en México.

Todavía conservo la postal que me escribió en el avión, era 9 de noviembre:

> *Mariana hermosa, yo también estoy viviendo momentos muy lindos contigo, gracias por existir en mi vida, gracias por ser quien eres y darme tanto amor. Suiza nos unió aún más, los momentos que pasamos se fueron volando. Te amo mucho y cuidemos nuestra relación de los intrusos y sigamos creciendo como pareja, es algo muy hermoso. RQ*

Apenas descansé y ya tenía que irme a un estudio fotográfico y luego a una entrevista para una revista; por la noche daría la séptima función de mi obra de teatro. Rumbo a la sesión escuché mi programa favorito. Elena hablaba del amor:

> ¿Saben en qué planeta se extravió el amor verdadero? Seguro en Venus o en Marte porque aquí en la Tierra nos hemos conformado con el falso amor, el que lastima, el que muere, el que solamente se encuentra en la cama o en euros para viajar a Europa.

Lo de Europa me sonaba cercano, lo de la cama también; pero el amor es un sentimiento puro y confuso a la vez, se mezcla con otras emociones y transmuta. Saber si es verdadero o falso solamente lo aclara el tiempo cuando florece o se desvanece. Seguí escuchando la transmisión:

> Hace poco fui a una boda y mientras en la iglesia los novios se juraban amor eterno frente al altar, tenía ganas de llorar, estaba realmente conmovida pero a la vez quería decirle a la niña estúpida vestida de blanco que su futuro marido, un mes antes de casarse, le estaba pintando los cuernos con una de sus mejores amigas. Pero yo no iba a arruinar la ceremonia, ultimadamente ellos serían los casados, o sea, *casa de dos,* y si las mentiras le rinden al patán para mantener a la *casa-tres* o la *casa-cuatro*, pues es su problema.

Con esos testimonios no dan ganas de casarse, duele mucho descubrir una infidelidad. Ella continuó:

> Después, un invitado de edad avanzada, medio mamón, comentó cínicamente frente a su esposa que todos los hombres son unos cabrones pero una vez casados deben elegir si ser *cabrones perros* o *cabrones gatos*. "¿Cuántas veces han visto en la calle a dos perros aparearse?", preguntó el señor a quienes estábamos sentados en la misma mesa y sin comprender hacia dónde iba la pregunta, reímos porque es común encontrarlos pegados. "¿Y cuántas veces han visto a dos gatos copulando?" Nos cuestionó nuevamente. La verdad, yo ninguna. "Por eso hay que ser un cabrón gato, compadres", concluyó con su razonamiento desenmascarando a los caballeros presentes.

Lo que le llamó la atención a Elena no fue el cinismo del anciano, sino que la esposa le festejaba todos sus chistes y presumía resignada que sus bodas de oro se las debía a la ceguera; a veces tenía que cerrar el ojito para evitarse problemas. ¡Qué aguante y tolerancia de las abuelas! Yo, como dijo Elena, me reúso a la idea de hacerme pendeja. Además, hoy en día es más fácil descubrir las infidelidades gracias a la tecnología, los secretos se guardan con una contraseña de fácil acceso. Cabe mencionar que también hay cabronas perras y cabronas gatas, algunos les dicen zorras, pero aunque sean discretas siempre hay algún hombre que las delata.

Ya no es necesario contratar un espía, basta que alguien suba un comentario o video desde su celular a las redes sociales para atestiguar la movida de quienes tienen más de una relación sentimental. Investigar a una persona por su nombre en un buscador cibernético es un rastro más confiable que las excusas de alguien que no se da cuenta de que casi todo lo que hace puede ser rastreado satelitalmente.

Me he dado cuenta de que antes era más legible la caligrafía de la gente; ahora todos publicamos con la misma tipografía; se ha perdido la autenticidad al escribir y la personalidad se distingue por la forma de redactar.

Actualmente no basta con dar *delete* a una foto electrónica, antes con destruir el negativo era suficiente para no reproducir la imagen. Ahora hay que eliminar de forma permanente de la bandeja de reciclaje el archivo que contiene el soporte, el lugar y la fecha de creación del mismo, así como cambiar de contraseña para que nadie se la encuentre en un paseo por "la nube". Lo más grave y sorprendente es la capacidad de difusión pública sin ser pirata, basta con seleccionar, copiar, pegar y enviar: cuatro verbos para que en segundos toda una comunidad se entere.

Conocí a un señor que desconfiaba de su esposa, le pagó a un *hacker* para que entrara a su facebook y así confirmó sus sospechas. Ella le negaba tener un amante pero cuando vio todos los mensajes impresos no tuvo más que aceptarlo, y enojada por la invasión a su privacidad decidió finalmente divorciarse. El esposo quiso retenerla pero la curiosidad lo mató, por gato cabrón.

Hace algunas décadas, los mensajes no se resguardaban en bandeja de entrada y salida; una vez enviados no había dónde husmear la correspondencia del remitente. Tampoco los teléfonos tenían memoria para delatar con quién te comunicabas, hasta que aparecieron los botones para marcar números grabados en el registro de llamadas. Y aunque es delito violar cláusulas de confidencialidad, hay indiscreciones no penadas legalmente que a través de la impune intervención de líneas telefónicas y celulares han destruido a muchas familias.

¿No es más fácil portarse bien, elegir una pareja que esté presente para no buscar suplentes o sustitutas si está ausente? Hay hombres que tienen cuentas de correo secretas con seudónimo para que no los sorprendan.

Elena seguía contando acerca de la boda a la que asistió:

> Luego fue el brindis, el baile abrió con la canción con la que se conocieron los novios, y siguió con las cursilerías de siempre. No vayan a pensar que estoy en contra de que la gente se case, lo que me desespera es que lo hagan por inercia, sin conocer el origen del ritual o saber cuál es el sentido. El matrimonio es la unión de dos personas para formar una familia, esto lo celebran en una ceremonia civil o religiosa en la que ambos adquieren derechos y obligaciones, firman un contrato para negociar el amor y si uno de los dos incumple, la otra parte lo demanda. Una juez que ha casado a 37 mil parejas, me contó que últimamente las mujeres se le acercan antes de casarse para consultarle cómo divorciarse.

Cuando yo me case en la fiesta quiero que pongan la canción *Hasta el final* de Il Divo o de plano quiero una boda en altamar.

El símbolo de esta alianza son los anillos nupciales porque el círculo representa una forma sin principio ni fin, y se coloca en el anular izquierdo porque la vena de este dedo está ligada directamente al corazón ¡qué romántico! Sin embargo, algunos casados, pero no castrados, lo esconden para no ahuyentar a sus víctimas antes de seducirlas, después no saben ni cómo quitárselas de encima.

Además de anillos, todos sin excepción deberíamos traer colgada una placa con un código QR de realidad aumentada donde se pudiera ver digitalmente el tráiler de la película de nuestro último noviazgo o matrimonio, así como las causas de ruptura y opinión de las ex parejas, con sólo descargar gratis en el celular o iPad una aplicación que también escaneara un resumen de nuestro estado de salud físico y mental, el cual necesitaríamos checar cada tres o seis meses de manera obligatoria, dependiendo de la edad, como si fuéramos vehículos que se verifican y afinan para circular sin contaminar. El mercado de las relaciones humanas tendría mayor honestidad y garantía si pudiéramos infraccionar a quien tenga una cita amorosa sin haber actualizado su placa; todo lo que digamos, si no fuera congruente con el diagnóstico médico general y psicológico, realizado por especialistas subsidiados por el gobierno, sería choro. Aun con estas medidas de prevención sofisticada antiestafa emocional, no faltaría el corrupto que soborne a un médico para que programe en su código QR que es una oveja o falsifique su tráiler con historias ficticias.

Sería genial asistir a una cita y visualizar en tiempo real, a través de una realidad mixta con información virtual añadida a la física ya existente, el presente y el pasado de los recién conocidos antes de relacionarnos sentimentalmente.

LA MADRE DE SUS HIJOS

Y el rollo ése de "Hasta que la muerte los separe" es porque antes el promedio de vida era de 34 años, hoy que vives 80 es muy difícil que alguien te soporte toda la vida. Debería ser: "Hasta que el amor se acabe." ¿Y qué me dicen del refrán popular: "Los martes ni te cases, ni te embarques, ni de tu casa te apartes"? "¿Eso qué?", cuestionamos con ignorancia y luego nos quejamos de los resultados. Lo que pasa es que el martes es día de Marte, dios de la guerra, y trae malos augurios. Pero aunque las parejas se casen en lunes, miércoles, jueves, viernes, sábado o domingo son puros problemas.

Lo bueno de casarse después de los 30 es que, si eres rebelde, la lucha por doblegarte durará menos años; lo malo es que quizá no alcance el tiempo para tener nietos.

Pero el momento más ridículo de todas las bodas es hacerle creer a las damitas que hay que cachar las flores del ramo antes de que se hagan marchitas… Digo, las flores. Entonces piensan que casarse es un premio, por el cual hay que taclearse unas a otras como si fuera un partido de futbol americano, para ver si urgidas convencen a un cabrón de que las mantenga. Si supieran de dónde viene el ritual del ramo y la palabra ramera dejarían de usarlo. En la Edad Media, el ramo era símbolo de castidad y renacimiento de la primavera. Por eso las queridas cortesanas colocaban una ramita afuera de sus casas para señalar disponibilidad a los caballeros deseosos de sus favores sexuales. Desde entonces a las prostitutas se les dice rameras.

Quería seguir escuchándola, me cayó el veinte de muchas cosas que decía y se aplicaban a mi situación con Roberto. ¿Realmente era amor lo que nos unía? Me parecía leal, sincero y fiel. Económicamente sin problemas, pero con un vacío espiritual que nadie llenaba. Si le pidió a Rubén, nuestro amigo en común, que le presentara a alguien no fue porque le sobrara amor sino por soledad.

En fin, llegué al estudio, me probé tres cambios de ropa para las fotos, me arreglaron muy natural y además de hablar de mi trayectoria artística, me preguntaron por Roberto. Nuestra relación se hizo pública a raíz de un *paparazzo*. A la prensa rosa le encanta tener exclusivas pero fui discreta con mis respuestas.

Por la noche, antes de la tercera llamada, recibí la acostumbrada y esperada llamada de mi novio para desearme "mucha mierda", modismo que significa "suerte" entre la gente de teatro. Estaba exhausta por el viaje y la levantada temprano, pero después de los aplausos volví a casa satisfecha por haber hecho un buen trabajo. Antes de cenarme un sándwich de atún, recibí en mi correo electrónico el calendario de las carreras que Roberto correría el siguiente año, quizá el último. Él intuyó que como sus patrocinadores le habían pagado tanto dinero por adelantado lo estaban liquidando. Desde entonces tramaba qué iba a hacer si dejaba de correr.

Hablamos hora y media por teléfono, él junto a sus gordos dormiditos en el hotel Ritz. El lunes llegaría y el miércoles se iría de nuevo, me hacía falta cachondería. *Issues* a superar: distancia, dos nenes incluidos en el paquete, más la ex y el trámite de divorcio. Tenía el presentimiento de que nuestros vagones cambiarían muy pronto de rumbo, que ya había cumplido mi misión en su camino y estaba dudosa de seguir con él por falta de dirección, aunque me pidiera que no presionara ni lo pensara tanto. "Pero el amor es ciego, y los enamorados no pueden ver las lindas locuras que ellos mismos cometen", dijo Shakespeare.

Nuevamente me desahogué en la *Bitácora de sentimientos*, uní lo que sentía con lo que pensaba. Pura percepción y mi tercer ojo se abrió:

Tú que tanto planeas, tenemos programados viajes hasta enero para conocernos mejor. Este deseo surgió de un enamoramiento precoz, basado en un romance provocado e intenso. Un respiro, una fuga, una esperanza e ilusión para ti después de sentirte aban-donado por una mujer a la que le juraste amor eterno frente al altar y después "te quieres divorciar". ¿Realmente lo has hecho por el problema de la visa norteamericana (para que no se vaya a su país con tus hijos) o no estás seguro de la separación?

A cuatro meses de haberte separado es muy difícil ser tu novia. No soy conformista y sé que no soy tu prioridad. A tu edad lo que quieres es tranquilidad porque ya corriste mucho. Tu motiva-ción y sentido de la vida ahora es ver crecer a tus hijos, cuidarlos, educarlos, protegerlos, amarlos. ¿Qué chingados haces conmigo a dos cuadras de la casa de tu familia en un hotel buscando de-partamento en Miami? ¡Regresa con ella! ¡Perdónense, luchen y ámense! (Aunque tu madre no quiera.)

Me tienen intranquila tres cosas: culpa, miedo al aban-dono y celos. Cuando tú, que eres todo estructurado, me pides que no piense, planee o presione es retenerme mientras decides qué hacer conmigo porque aún no sabes qué hacer contigo; lo haces inconscientemente y yo, aunque quisiera "cerrar el ojito", me doy cuenta. Pepe Grillo me habla al oído, mis ángeles me advierten, Dios me ilumina y el Espíritu Santo me dicta que te deje libre para que te des una nueva oportunidad de recuperar a tu familia completa: mamá y papá juntos para Freddy y Valeria.

Dicen que los males son pasajeros pero yo quiero ser un bien permanente en tu vida y te libero de mi energía con mucho amor. Sacrifico mi oportunidad contigo de tener junto a mí un hombre maravilloso, dulce, tierno, bondadoso, pacífico, leal, ho-nesto, luchador, ejemplar... Demasiadas cualidades que yo tam-bién tengo, para que aprendas a estar contigo mismo y no elijas parejas guiado por la razón, impulsos rutinarios por tu instinto paternal y necesidad de compañía para justificar tu existencia cuando no tienes control sobre el volante. Por mi lado yo deseo a alguien con quien gastar mi energía sin sentir que estorbo. Ya me llegará la persona y el momento. Nuestro timing *está desfasado y no me arrepiento de haberlo intentado. Estoy terminando lo nuestro y aún no llegamos a Navidad, ni estás enterado. Pero algún día, si te regalo este diario, leerás lo que sentía. Esperanza para los dos han sido los dos meses que hoy cumplimos de conocernos.*

Al día siguiente me sorprendió su mensaje: "Estoy armando el arbolito de Navidad con mis gordos."

Era obvio que en el hotel no, sino en casa de Rubí, a quien meses antes no podía ver ni en fotografía. Mi hermana decía que hablaba bien de él el hecho de que se llevaba bien con su ex y Matilde me repitió varias veces que Roberto no sabía decir mentiras. Pero su incongruencia me hizo reaccionar como no debí y le escribí: "A veces creo que deberías volver con Rubí, estar con tus hijos todo el tiempo, no rentar, quedarte con ella, no divorciarte y se acabarían tus problemas." No contestó y su silencio me mató.

Tenía sentimientos encontrados, supuse que enfrentando mi miedo podría superarlo y lo aventé adonde temía que él cayera. Si no balanceaba su energía todo se iba a diluir. ¿Quién era yo para meterme en su familia? ¡Qué horror! No quería.

Más noche volví a escribirle: "¿Qué haces? Llámame cuando puedas hablar sin importar la hora, voy a estar despierta."

Al amanecer hablé al Ritz, pregunté por la habitación de Mr. Roberto Quintana pero no lo tenían registrado. Angustiada y furiosa ansiaba alguna señal o reclamo. Le conté a Rubén, me dijo que esperara pero insistí y le envié un mensaje: "¿Dónde dormiste Roberto? Te llamé al hotel y no está registrado tu nombre."

Pasaron unos minutos y me llamó. Resultó que la habitación estaba a nombre de Mr. Uribe Quintana, sus apellidos al revés.

De esas veces que confías pero necesitas corroborarlo, marqué de nuevo al hotel y colgué.

Tenía ganas de escribirle a Rubí y de mujer a mujer preguntarle si volvería con Roberto pero no me atrevía a traicionar su confianza de esa manera.

Cuando me puso a su hijo Freddy en el teléfono me dio pánico. Pensé: "¿Estaré preparada para esto? ¿Será temporal? ¿Lo disfrutaré? ¿Es lo que realmente quiero? ¿Me corresponde? ¿Qué es lo que tengo que aprender de todo esto? ¿Me tocará el rol de maestro? ¡Dios mío ayúdame! ¿Será que sí puedo con hijos ajenos, estaré preparada para tener los propios? ¿Y si no?"

En seguida me pasó por teléfono a Valeria, que cantaba el coro de mi canción: "Abre la puerta." Me derretí por la ternura de su voz.

Hice todas mis compras navideñas, algo que normalmente me da mucha flojera. Esta vez me entusiasmó y elegí los regalos para Roberto, mamá, hijastros, suegra, sobrinos, hermanos, papá, cuñadas, amigos; un gastadero de euforia.

Cuando regresó a México fui por él al aeropuerto con su chofer, antes le avisé porque su mamá me advirtió que no le gustan las sorpresas. Fuimos al cine y a cenar, ahí saldamos reproches. No le gustó para nada mi mensaje, lo último que necesitaba escuchar era la posibilidad de volver con Rubí. Eso estaba por verse.

Nos quedamos en casa de su mamá, quien me advirtió que bajo el colchón donde dormiría con Roberto había puesto un huevo para proteger nuestro amor, hechizo desconocido que preferí no ver ni mencionar. Lo único que me preocupaba era romperlo. Mientras cenábamos los tres en pijama ella me tiró las runas, fichas de madera con jeroglíficos escandinavos que fungen como oráculo. Roberto nunca creyó en las prácticas adivinatorias de Matilde y la sacó de ese trabajo hasta que pudo mantenerla. Yo divertida pensaba mis preguntas, que debía formular para recibir respuestas afirmativas o negativas:

—¿Roberto me ama? —hubieran visto su cara, la de Matilde elucubrando la respuesta y la de Roberto que temía alguna imprudencia.

A la mañana siguiente me acompañó a mi última grabación de la telenovela, la muerte de mi personaje, un disparo sin posibilidades de sobrevivencia. Camino al llamado, esta vez escuchamos juntos el programa de Elena:

> El amor va más allá de la boda y la luna de miel, la boda es como en los cuentos, películas y telenovelas, es el final feliz… después comienza la chinga. Dura un instante, como el orgasmo, es fugaz; igual que la luna de miel. La gente se gasta el presupuesto de los pañales en una cena de gorrones que todo el mundo critica.

—Yo creí que me casaba para siempre —dijo Roberto con melancolía.

> Lo que es un hecho es que las finanzas familiares alcanzan cada vez menos para mantener más bocas, por eso la clase media pertenece a los solteros, nuestros ingresos alcanzan apenas para cubrir nuestras necesidades básicas y uno que otro lujo: ropa, zapatos, salidas al teatro y a cenar, regalitos para las personas que nos caen bien, viajes, coche, departamento, una mascotita que te mueva la colita, sus croquetas pero si llega un miembro extra al hogar, los ceros a la derecha de nuestra cuenta bancaria disminuyen, contabilicemos: embarazo, parto, mamilas, leche, papilla, cuna, vacunas, ropita, pañales, juguetes. Luego escuela, cuadernos, celular para el niño y aparatos electrónicos que les son indispensables para estar a la moda. ¿No es más barata y menos ruidosa una plantita? Si la riegas, crece; pero si la riegas con un hijo, las consecuencias son más graves.

Elena agobiada se replanteaba el hecho de ser madre y advertía sobre las dificultades de ser padre.

—A mí lo que me preocupa son mis hijos, si no fuera por ellos le daba vuelta a la página pero aún están muy chiquitos. Tú me vas a ayudar, están hermosos mis pulguitos, ya los conocerás —agregó Roberto con desolación.

—Los hijos merecen lo mejor de sus padres, ¿y qué es lo mejor? ¡Sólo Dios sabe!

Nunca he lavado ajeno; sin embargo, aprendería a cuidar a los hijos de Roberto.

> Finalmente, reproducirse es la única ley de vida opcional. Nacer, no conozco a alguien que recuerde haber llenado una solicitud para venir al planeta Tierra; crecer, una vez que dejas de hacerlo hacia lo alto, empiezas a crecer hacia lo ancho; reproducirse, eso no es a fuerza, solamente si quieres o te dejas, pero hay personas que parecen *gremlins*, apenas se mojan y se reproducen; y morir, aunque quieras no hay permanencia voluntaria.

—¿Cuántos hijos más tendrías, además de Freddy y Valentina? —pregunté.

—No sé, quizá otra niña y ya —respondió dudoso. Nos quedamos callados y continuamos escuchando el programa de Elena:

> La semana pasada un amigo me invitó a desayunar, típico que tienen una amiga psicóloga y todo el mundo te invita un café para ahorrarse la terapia. Dijo con mucha seguridad: "Me voy a casar, ya le di el anillo de compromiso a mi vieja." Asombrada le pregunté: "¿Qué te hizo tomar esta decisión tan importante?" En el fondo tenía curiosidad de saber qué hizo ella para que le hiciera la propuesta. Él respondió: "Tenemos mucha química y somos afines en cuanto a educación, por eso quiero que sea la madre de mis hijos. Si las cosas no funcionan creo que sería una excelente ex esposa." Con esa mentalidad la familia desaparecerá o cambiará del esquema tradicional a uno más funcional, cada quien bajo su techo y los hijos acostumbrados a tener medios hermanos. En cambio, recuerdo a un viejito que murió abandonado, confesó que su error al casarse había sido casarse con la madre de sus hijos y no con una

compañera de vida, pero fue su elección, sentía que nadie estaba a su nivel. Después de todo, cada quien tiene la pareja para la que le alcanza y no me refiero a lo económico, sino a la autoestima. Lo que no se vale es que las mujeres manipulen con chantajes a sus esposos o ex esposos por medio de los hijos.

—Lo que sea de cada quién, Rubí es muy buena como mamá.

Parecía que aquel programa estaba dirigido a Roberto, y aunque no era muy expresivo con sus pensamientos, cada gesto delataba atención al subtexto.

Antes de ir a un corte comercial, sólo quiero añadir un comentario. Si el matrimonio dejó de ser algo tan bueno, el divorcio ya no es algo tan malo. Sin embargo, hay quienes se quieren volver a casar, entonces tienen que pedir permiso a la Iglesia para anular su primer matrimonio y poder vestirse de blanco nuevamente, ¡qué necedad! Es como si te cocieras el himen para volver a ser virgen, ¡no la frieguen! ¿Saben cuánto cuesta la nulidad del matrimonio? ¡70 mil pesos! O sea, que si eres pobre, ¡ya te jodiste!

Afortunadamente el tono de Elena era cómico y permitió reírnos del asunto. Llegamos a la locación, algunos de la producción se tomaron fotos con él, le permitieron tomar video detrás de cámaras con su celular al momento de mi muerte ficticia. Se carcajeaba cada vez que veía esa escena. Otra noche vimos el capítulo completo con su mamá mientras ella hacía mi carta astral. Explicaba, según sus estudios, que los karmas duran siete años, los mismos que duró casado Roberto con Rubí y que él estaba pagando haber dejado a otra ex con el anillo de compromiso, pero que conmigo se acabaría y para mí también vendría una buena racha.

Busqué a Julián, el ex con el que viví casi tres años, mi único noviazgo estable y tampoco convencional porque me duplicaba la edad, además de tener el mismo problema que Roberto, recién separado pero sin hijos. Se convirtió en mi confesor, también fuimos socios pero ahora sólo somos amigos.

Le pregunté:

—¿Qué hacías para retenerme? Tengo un novio corredor pero la que quiere correr soy yo.

Julián me observó sonriente y dijo:

—Resiste un poco más, es buen tipo. A la larga los aburridos pagan bien, a los mujeriegos que los aguante su madre.

Esperé para vivir algo nuevo, me visualicé como madrastra: aliada de sus hijos. Rubí se los había empaquetado sin nana a Roberto durante las vacaciones de Navidad y Año Nuevo, lo cual alteró el plan original de viajar solos. Se notaba que ella estaba bien asesorada; fácil no iba a ser para el papá, era el castigo por haber encontrado rápidamente sustituta, jamás se lo perdonaría, puro ego e inseguridad.

Llegó diciembre y Roberto se juntó con más pilotos en Los Cabos, un *Toby's trip*. Al cabo de una semana yo lo alcanzaría para disfrutar solos unos días de paz. Me dio a elegir el hotel, quería algo privado porque le incomoda que a cada rato le pidan fotos o autógrafos cuando está de vacaciones. En la sala de abordar de un aeropuerto me dijo: "No te vayas a hacer tan famosa porque, imagínate, ¡qué hueva!" Ya conocía su gusto delicado por la arquitectura o la categoría; le sugerí Las Ventanas que es el más lujoso pero no quiso, después supe que ahí había pasado su luna de miel. Nos hospedamos en otro en donde compartimos un baño temazcal, untados de la sábila del maguey, mientras cantábamos al ritmo del chamán, él mismo no lo podía creer. También nos hicimos un facial, *manicure*, *pedicure* y masaje para parejas en el *spa*. Nuevamente sumaban más puntos las coincidencias que las diferencias, hasta que firmó el *voucher* y rebuznó:

—Esto cuenta como regalo de Navidad y hasta de cumpleaños, no quiero mal acostumbrarte como a Rubí.

Me dio coraje y tristeza, tuve ganas de pagar yo la cuenta, qué manera antirromántica de arruinar un viaje, mi ánimo se derrumbó. Estaba muy sentida con Roberto por la comparación. En una cena se me salieron las lágrimas cuando le demostré la impotencia que sentía de estar en medio de una situación ambigua que no me correspondía, similar a cuando se divorciaron mis papás pero distinta. Dijo:

—Tienes miedo de perderme —me abrazó fuertemente, ambos nos disculpamos, él por sus comentarios y yo por sobrerreaccionar.

Al día siguiente entrenamos en el gimnasio, corrimos por la playa, jugamos competencias de velocidad; aun sin motores ni gasolina me ganó hasta en la caminata, pero yo me desquité cuando salimos a bailar a un antro: su ritmo es igual al de un oso de circo que enseñan a bailar sobre planchas calientes.

Rubí pasó de inventarme declaraciones a la prensa que no pudo probar e hicieron dudar a él de mí por un instante, a quererme conocer. Mientras él me enseñaba en su celular un video de youtube que parodiaba a un candidato presidencial que asistió a un prestigiado acto internacional de cultura, por no haber sabido responder a la prensa cuáles eran sus tres libros favoritos, apareció y desapareció instantáneamente una alerta en la parte superior, un whatsapp con el fragmento de un mensaje de Rubí que decía: "A ver cuándo me presentas a la novia, ya que convivirá mucho tiempo con nuestros hijos." Roberto no se inmutó, creyó que no había alcanzado a leerlo.

Al principio de la relación, con intención de encelarla, él le decía que yo era bien linda y le caería muy bien cuando me conociera. Luego cambió de opinión respecto a presentarnos pero ambas nos buscamos hasta que nos vimos a la cara.

Se acabó el viaje, nuevamente separamos los destinos, yo hacia México y él a Miami para recoger a Freddy y Valeria con todo y maletas, pero sin nana, para pasar con papá todas las vacaciones. En un correo electrónico que le envié, adjunté una foto de nosotros tomados de la mano con nuestra sombra proyectada sobre la arena bajo el sol, que decía:

Te ofrezco disculpas si en la oscuridad del miedo pierdo de vista el corazón y me ciego sin razón. Te doy gracias por saber escuchar los gritos de mi alma, por hacerme sentir amada y dejarte amar. Dios nos dio la oportunidad de coincidir en esta vida, el presente es nuestro aliado para construir en cada instante. Quiero ser motivo de tu felicidad, pintarle los cuernos a mi soledad contigo para que me deje de joder y pelear por mi libertad compartida. En pocas palabras, admiro al hombre que eres: al hijo, al amigo, al novio, al corredor incansable, al hermano, al tío pero, sobre todo, al padre que entrega todo a sus hijos.

A lo que él respondió:

Qué hermosas palabras, te amo mucho, vivamos el momento y el tiempo se encargará de acomodar todo.

Llegó el 24 de diciembre, la prueba de fuego: conocer a unos niños que no eran míos, lo que me hubiera gustado a mí. Llegamos a casa de Matilde mi mamá, mi hermano, mis sobrinos y yo con la cajuela del coche llena de regalos. Valeria me revisó de los pies a la cabeza, al poco rato jugábamos a las muñecas como viejas amigas de la infancia. Cuatro niños juntos rompieron la calma de Matilde que cuidaba que nadie rompiera sus esculturas esotéricas. Rezamos, cenamos y llegó Santa Claus, quien fue descubierto por mi sobrino maniático de los pies: supo que era Roberto porque no se había cambiado los zapatos. Luego habló Rubí para felicitar, momento incómodo para continuar la fiesta.

Matilde y mi mamá se miraban, mientras mi hermano notaba inflexiones de voz que denotaban cariño y nostalgia.

Mi sobrino de cuatro años preguntó con inocente picardía lo evidente pero vedado aún para sus hijos:

—¿Es tu novio Roberto?

—No, somos amigos —respondió él.

Con esa etiqueta continué la relación, prohibidas las muestras de afecto o darnos la mano frente a ellos. ¿Hasta cuándo sería así? Matilde me aconsejó que no fuera al viaje con ellos porque el hospedaje sería mucho lío. Cuando llegó a quedarse en su casa, él siempre dormía con los niños y la dejaba sola en otro cuarto. Se quejaba de que sus hijos siempre la hacían a un lado cuando estaban con Rebecca, la esposa de su marido, y que igual me harían sentir mal a mí, pero no fue así. Roberto me había advertido que ella siempre decía cosas a sus novias para alejarlas, y Matilde insistía en que él jamás retiraría la invitación pero que lo pensara. Ya me había preparado psicológicamente, quería coleccionar nuevas vivencias, algo iba a aprender. En las buenas y en las malas se construyen las verdaderas parejas.

Cuando regresé a mi casa, leí detenidamente la tarjeta navideña que me dio:

Mariana, hermosa, amor:

Tres meses han pasado desde que nos conocimos y hemos vivido con mucha intensidad momentos hermosos, eres una gran mujer de la cual me he enamorado, y sólo espero sigamos creciendo como pareja aun con la distancia para que el tiempo acomode las cosas.

Te amo, feliz Navidad.

RQ

Sobreviví al temor de que no hubiera química entre sus hijos y yo, pero eran adorables. Después del primer día de museos y obras de teatro infantiles acompañados de nuestras familias me escribió:

Amor, son pocas las palabras que te puedo expresar de agradecimiento por lo linda y tierna que has sido con mis pulgos. Te amo mucho.

El siguiente desafío fue empacar para 15 días de viaje juntos. Le fastidiaba que Rubí le hubiera mandado tantas maletas de ropa con etiquetas de sus gordos y sin nana que le ayudara, porque justo en esas fechas le había dado vacaciones. Se tornó un papá estresado pero demasiado amoroso, el que a mí me hubiera gustado tener.

El alivio llegó con sus hermanas, mis cuñadas, que le ayudaron con Freddy y Valeria, quienes acelerados jugaban con sus primos grandes y pequeños. En Año Nuevo llamamos a Matilde para felicitarla y decía que se había tomado ella sola una botella de champán para festejar, pero que estaba afónica por las cenizas del Popocatépetl. Fue allí cuando comenzó la guerra sucia hacia su nueva nuera, le dijo a mis cuñadas que Navidad en su casa había sido un desastre y que seguramente todos los regalos que llevé los había pagado Roberto. Me dediqué a tomar nota del núcleo familiar del hombre con quien me había involucrado vertiginosamente. Jazmín, una de mis cuñadas, me advirtió que si pensaba seguir con su hermano tendría que lidiar con su perfeccionismo y su ego, además de evitar servirle de muleta. Me sentí integrada a pesar de las inevitables llamadas diarias de Rubí en horas de reunión para saludar a sus gordos. Al finalizar la travesía, ella me pidió que le diera mi número por mensaje directo para llamarme. ¡Sorpresa! Me agradeció que hubiera tratado bien a Freddy y Vale, quienes llegaron a Miami cantando mis canciones después del viaje. Después de dejarlos, Roberto me alcanzó en el aeropuerto de Boston, donde por fin volveríamos a dormir juntos sin esconder nuestro cariño frente a los niños. Fueron días tranquilos, no había suficiente nieve para esquiar, patinamos sobre hielo, le hacía sus *pancakes* para desayunar. Por las noches era distante, lo notaba pensativo. Llegué a pedirle que pusiera una película porno pero ni eso tuvo efecto en él; eso sí, nos reímos bastante. La última velada fue mordaz, se le ocurrió buscar en youtube mis videos y después puso todos los suyos de carreras que había ganado y perdido por accidentes, como cuando se le incendió el nomex (su traje para las carreras) o murió una persona del público porque le cayó una rueda de su auto en la cabeza. Lo peor fue cuando no se quiso acercar a mí porque me había acabado una bolsa de pistaches que tenían ajo. Él se quedaría unos días más, yo regresé para mis funciones de teatro; por poco pierdo el vuelo, no aparecía mi pasaporte que Roberto encontró en un rincón de mi maleta al llegar al aeropuerto.

Casi a finales del primer mes del año renté la película *Novia fugitiva*. Necesitaba entender cuál era el miedo que me impedía avanzar en mis relaciones de pareja y descubrí que era el mismo que el del personaje de Julia Roberts: los dejaba porque atraía a hombres que intentaban convertirla en lo que no era, aunque ella misma no sabía lo que quería ser. Querer madurar en este aspecto ya era un avance.

Acostumbrada a nuestros chats nocturnos le escribí algo que me había llegado por correo en ese momento:

—¿Derribarías un árbol porque da manzanas que no están maduras? No, serías paciente y confiarías en el proceso.

—Así es, la verdad prefiero no pensar mucho, si no es peor.

—Pero también para que las manzanas maduren hay que echarle agua al arbolito o como el lodo, lo dejas secar y se cae solito.

—Sí, verdad.

—Eres tan especial que deseo que lo nuestro tenga su tiempo para madurar. Aunque haya escrito una canción que se llama "Bésame sin expectativas" hoy me contradigo. Cuando te encariñas es inevitable tenerlas, a menos que la otra persona no quiera lo mismo.

—Lo sé preciosa TQM vamos a la meme *okay*, y después platicamos tranquilitos.

Me cansé de los mensajitos, por fin me habían dado mi visa norteamericana de trabajo como artista; diez años tardé en conseguirla, así que pedí una cita en Teleculebrón para presentarme con mi *manager, demo reel* y currículo para conseguir buen personaje en una telenovela. Llamé a mi gran amiga Consuelo Rivas para ver si podía quedarme en su casa; pensaba rentar un coche, compré mi boleto de avión a Miami, todo a mi vieja usanza. Cuando le avisé a Roberto que iba, me ofreció quedarme en un cuarto de su departamento y pasar por mí al aeropuerto; ese fin de semana le tocaban sus gordos. Le sugerí que negociara los días con Rubí, primero dijo que sí y acepté quedarme con él, pero después dijo que no quería pedirle favores, aunque Freddy y Valeria se quedarían con él la siguiente semana porque ella estaría fuera. Le propuse un café a Rubí por twitter, ella estaba enterada de mi visita.

Quise ponerle rostro al fantasma que tanto me inquietaba, para sosegar mi miedo y saber si podría lidiar con él. Así fue como conocí algo más de Roberto, a la madre de sus hijos.

RELACIONES
KÁRMICAS

Para alcanzar los sueños hay que volar y se me estaba haciendo costumbre subirme a un avión para ver a Roberto, aunque este viaje a Miami lo hice en especial para aprovechar las oportunidades profesionales.

Jaime, uno de mis mejores amigos, me llevó al aeropuerto y en el camino escuchamos el programa de Elena, siempre por las mañanas:

> Pasemos a temas más indiscretos. Tengo una amiga lesbiana, solamente es mi amiga. A ella los hombres la empalagan, la aburren, dice que son muy fáciles pero sale con ellos para aprender sus tácticas y aplicárselas a las nenas. Se volvió mi mejor consejera porque ella entiende la estrategia masculina, pero tiene la sensibilidad femenina. Si un caballero me manda flores, ella sabe descifrar sus intenciones y la personalidad, de acuerdo con el arreglo floral. Un día me dijo: "Ay amiga, flores de tallo largo y grueso." No les daré más detalles porque así fue, largo y grueso. Pero también me ha dicho: "Si un hombre no te trata mejor que yo, que soy vieja, no te merece." Tiene razón.

Y continuó:

> ¿Cuántas mujeres, por curiosidad, gusto o soledad, han probado una relación con otra mujer? Desconozco este dato porque son pocas las que se atreven a confesarlo, no por miedo a que las juzguen o rechacen, sino porque al rato las andan invite e invite a compartir la cama con otra amiguita. Es la fantasía sexual de todos los hombres. A nosotras no nos pasa igual, yo jamás le diría a una pareja *gay:* "¿Me dejan ver?"

Sin comentarios.

¿Cuántas mujeres se presentan como solteras porque no hay un estado civil aceptable para decir que son amantes? Y aunque no firmen un contrato de confidencialidad, viven a la sombra de la estabilidad familiar de su novio ilegal, quien les brinda cariño pero jamás dejará a su esposa ni a sus hijos. A mí me pasa, cuando lleno una ficha con mis generales: "Nombre: Elena Torres. Edad: 30 años. Estado civil: ¡nunca encuentro el cuadrito de amante!"

—¿Será que Roberto es mi novio ilegal aunque públicamente me dio el título de novia? —le pregunté a Jaime, quien manejaba atento.

—Da igual el título, lo que es un hecho es lo que acaba de decir Elena: "Jamás dejará a su esposa ni a sus hijos." Date cuenta, Mariana, aunque Roberto tenga buenas intenciones contigo en estos momentos no sabe qué quiere.

Me dolía admitir que Elena y mi amigo sabían de lo que hablaban, esas últimas palabras retumbaron en mi mente durante todo el viaje. Si hay algo que detesto es perder el tiempo y ante mi situación, me urgía remediar el asunto. Elena continuaba:

¿Cuántas casadas en crisis cazan antes de estar libres y tienen un amante de transición, con el que nunca se quedan pero les da valor para dejar al otro cabrón, mientras se sienten deseadas nuevamente?

—Como Rubí que anda con el abogado de Roberto —dije en broma.

—¡O tú!, que tienes la mala suerte de ser el primer consuelo de los recién separados. A la próxima fíjate que lleven, por lo menos, un par de años de haber sacado sus resentimientos antes de que involucres los tuyos —me regañó mi amigo.

¿Cuántas divorciadas se vuelven a casar? Las que encuentran a alguien que se encargue de ellas y sus hijos, o las que tienen un alto nivel socioeconómico y saben que si les falla el nuevo marido lo mandan a la chingada.

¿Cuántas solteras hay por decisión, desesperación o resignación? Elegir la soltería es aceptar que si no se llega a ser madre biológica la vida continúa sin preocupaciones, mientras otras mujeres se angustian por sus hijos o son muy felices mientras los tengan cerca. Hay otras que muy jóvenes los tuvieron y llegan a una edad madura en la que se divorcian porque ya no hay un fruto que las vincule con su marido, y frustradas desean recuperar el tiempo adolescente que sacrificaron por entregarse a quienes ya no las quieren por falta de admiración, rutina o porque les llegó el segundo aire.

Mi propia madre hacía de mamá con sus hermanos menores, ¡eran 12 huérfanos de padre! Desarrolló un alto instinto maternal, sus hijos somos su única razón de vida. Cuando se divorció, al morir mi abuela, me hubiera gustado que rehiciera su vida con otra pareja, pero en el fondo admiro su rigor y congruencia ante los valores de la religión, monogamia pura, aunque le rece a los santos.

¿Cómo llena sus necesidades sexuales una mujer que no tiene novio? ¡Igualito que los hombres, todos tenemos una amiga "manuela"! La diferencia por la cual los espermas los presionan más a ellos que los óvulos a nosotras, es lunar. Nuestro ciclo menstrual libera naturalmente las hormonas acumuladas que deforman nuestro carácter; en cambio ellos, recargados de testosterona, no aguantarían 28 días para desahogarse, por eso requieren que les echemos la manita. Si la culpabilidad es castrante por motivos religiosos, aconsejan amortiguar el deseo sexual con agua fría, sustituir la ansiedad con actividades recreativas como el arte y el deporte, o vivirlo plenamente con quien haya química. Consíganse un *fuck buddy*, del inglés *buddy* que significa amigo y *fuck* que significa fornicar. Alguien con quien tengas un acuerdo sexual satisfactorio y sin compromiso, que le llames y sepa para qué es sin engaños ni heridas. Un cómplice con derecho a goce y roce, porque la

SOLTERA PERO NO SOLA

> complicidad es más duradera que el amor carnal; puede durarte
> unos meses o toda la vida. Es alguien a quien tal vez le serás leal-
> mente infiel. Es menos digno, pero más honesto.

Hablar de masturbación era un tema que no quería tratar con mi amigo Jaime, así que seguí viendo los coches que circulaban delante de nosotros en Viaducto.

—Creo que mientras más independientes y preparadas estemos las mujeres, los hombres deberían ser más interesantes y cachondos para lograr seducirnos. Quizá dentro de diez años piense diferente y me conforme con alguno que sea buena gente porque, como decía mi abuelita: "Quien mucho escoge, caca coge." ¿Ustedes creen que Madonna se sienta sola después de tanto escoger?

En mi experiencia, que alguien sea "buena gente" no es suficiente, aunque tampoco es mi prioridad tener a mi lado a un toro, sexualmente hablando.

Alguna vez experimenté, de algún modo, qué se siente ser hombre en este planeta, y no me refiero a hacer pipí de pie, sino a ejercer el poder de la cartera. Sometí a un galán que fue mi huésped; era tacaño, tipo gringo acostumbrado a que cada quien pague lo suyo y quedó encolerizado con mi ejercicio: por un día entero me encargué de todas las cuentas, a cambio él tuvo que hacer justo lo que yo quería.

Normalmente, el beneficio para un hombre cuando invierte dinero en ti es llevarte a la cama, y tú terminas por sentirte utilizada. Pero si jugamos el rol machín y no les damos ni un besito como premio, se sienten despreciados —con hinchazón entre las piernas— porque creen que sólo con sexo podemos pagarles.

En mi caso no sentí que Roberto me controlara con la cartera, al contrario, era espléndido cuando le nacía, pero jamás fue *pushy* para tener sexo.

Mi madre creía que él se estaba escudando en sus hijos para alejarme; apenas aterricé en el aeropuerto internacional de Miami quise corroborar su hipótesis. Fue a recogerme con Freddy y Valeria, se bajó del coche para ayudarme a meter las maletas en la cajuela pero su saludo fue esquivo, como si fuera cualquier conocido; no incluyó beso ni abrazo afectuoso después de un mes sin habernos visto.

Fuimos directo a su nuevo hogar en la *suite* de un lujoso hotel en Bickell. Me condujo al cuarto en donde sería su huésped. La decoración era infantil, obviamente para sus hijos cuando lo visitan porque, según él, no habían entendido qué significaba que sus papás se divorciaran, y se emocionaban porque creían tener dos casas. Después caminamos al supermercado para comprar la comida de la semana; yo cargaba a Valeria porque le lastimaban los zapatos. Regresamos a casa y al terminar de comer, dibujar y ver televisión, dormimos una siesta. No había más plan que ver cuánto se querían papá y sus hijos, pero yo no tenía permitido cruzar la línea del afecto corporal. Quise pasar una noche divertida, y mi amiga Consuelo Rivas pasó por mí para ir a cenar; nuestras conversaciones siempre se relacionan con lo laboral, procesos psicológicos y hombres.

Fuimos al Café Sambal, sobre la misma avenida, en el hotel Mandarín Oriental. Nos sentamos en una mesa exterior con vista a la bahía Biscayne; la atendían como si fuera su casa, el capitán es su fan porque ve telenovelas. Le entregué unas pastillas para la ansiedad que me encargó, pues a diferencia de Estados Unidos en México se consiguen sin receta.

—¿Y qué tal va tu romance? —me preguntó Consuelo. Tomé aire y exhalé con fuerza antes de contestarle.

—No sé si el problema soy yo o es él, pero a quien ya no aguanto es a su ex. Más bien, creo que si me diera el lugar de su novia frente a sus hijos, tal vez no me sentiría como pez fuera del agua.

—No entiendo.

—A partir de diciembre él ha cambiado mucho conmigo, ya no es el mismo que me enamoró con detalles, dejé de ser su prioridad.

—¿Y por qué sigues con él?

—Porque lo quiero. Supongo. O me quedé enganchada con el principio. La realidad es que es un hombre muy bueno, aunque algo aburrido, le falta chispa. Yo necesito alguien que sea apasionado, quizá él esté deprimido.

—¡Ay querida, nunca te había visto tan confundida! Pero bueno, qué te digo. Yo aguanté cinco años manteniendo a mi ex, y hoy me enfada que él haga películas en Hollywood mientras yo sigo con las telenovelas. Eso sí, me pagan muy bien, pero me agobia pensar que siempre haré lo mismo. Quiero hacer teatro como tú, ¡escríbeme un monólogo! ¿Puedes?

—Sería un honor que actuaras un texto mío, necesitaría conocer qué temas te interesan para hacerlo a la medida… Es paradójico pensar que vine a buscar trabajo justo en lo que ya no quieres o desprecias.

—No lo desprecio, para nada, sólo que mi vida se resume en dos palabras: "yo trabajo." El ritmo de las grabaciones es exhaustivo, lo sabes.

—Pero luego tienes vacaciones largas, que ya quisieran muchos de los que trabajan en oficina.

—Oye, ¿por qué no organizamos un viaje juntas a la India? Tal vez me ligue algún moreno con piel de terciopelo, eso no lo he probado —nos reímos demasiado, me hacía falta ver a Consuelo.

Pedimos una botella de vino tinto, yo no fumo pero con ella me terminé una cajetilla; ordenamos unos rollos de sushi y, al final, un pastel de chocolate con helado de vainilla. Entre risas y dilemas continuamos platicando.

—Lo que me gustó del viaje a San Antonio con su familia fue llevar a los pequeños monstruos por helado y al cine. Lavarles los dientes, ponerles pijama y leerles fábulas para que se durmieran. Lo que estaba de la fregada era dormir sola durante el invierno. Hubo un momento inolvidable en el que Roberto extravió su celular y mientras lo buscaba yo traía a Valeria de caballito y Freddy eufórico me jalaba el cabello como arriero por los pasillos del hotel. Cantábamos todas las mañanas y los puse a bailar en Año Nuevo.

—No te conocía esa faceta de niñera, jajaja —se burlaba de mí Consuelo.

—Él se ha quejado por los ajustes, muy fuertes, que ha sufrido en este año, dice que le hacen falta sus hijos y su casa. Que ha sido muy lindo y especial conocerme, pero que le ha costado mucho trabajo sobre todo en el entorno público y familiar. Que necesita liberarse de lo que dejó en Europa para estabilizarse, y que espera que después todo fluya con más normalidad.

—Suena a que este hombre sólo conoce la intensidad a 300 kilómetros por hora, pero no puede con un circo de dos pistas porque se lo carga el payaso.

—También me escribió un correo electrónico sobre "mi intensidad". Primero dijo que le encantaba mi sentido del humor, que sea independiente, que me considera inteligente, talentosa y madura, pero que estoy demasiado metida en mis cosas, así como él era a mi edad. Dijo que el peor enemigo para ambos era nuestra cabeza, lo que es bueno, pero también malo como pareja.

—¿Y a ti? ¿Qué es lo que no te gusta?

—Me desespera la falta de honestidad con sus hijos, ellos no son tontos. La primita de cinco años dijo: "¿Ahora tú eres mamá de Freddy y Valeria porque la tía Rubí ya no está con mi tío Roberto?" Pero nadie se atrevió a explicarle lo que ella deducía con la poca información que tenía.

Le propuse a Consuelo sacar mis maletas de casa de Roberto para irme con ella ese mismo sábado, pero me sugirió que mejor esperara con él hasta el miércoles a ver qué pasaba, que no siempre tenía que conocer el final. Bajo su influencia me quedé donde estaba y traté de pasarla bien a mi manera. Roberto me había entregado las llaves de casa. Cuando volví de la cena todo estaba apagado, y él dormía con sus gordos.

El despertar fue revelador. No quería salir de aquella habitación que musitaba enigmas de mi infancia. Primero recordé un extraño sueño en el que yo flotaba en el mar sobre una cama de acrílico que era arrollada por una ola que se convertía en una alfombra gigantesca y terminaba nadando desnuda en una alberca solitaria frente a un señor que me miraba libidinosamente. Esa noche no había tomado barbitúricos para dormir, me extrañé por el erotismo de mi inconsciente. Ya despabilada escuché las voces de Freddy y Valeria que jugaban con Roberto, pasmada se me salieron las lágrimas y tuve una regresión involuntaria. Recordé que de niña dormía sola y me sentía excluida por mis hermanos, a quienes mi papá sobreprotegía. Desenterré los celos reprimidos durante años. Abrí la puerta, saludé y desayuné un cereal, ellos ya lo habían hecho. Coloreamos, bajamos a jugar en la piscina y después de comer Rubí llamó para preguntar a qué hora podía pasar a dejarles su lonchera y despedirse porque se iba una semana fuera. Le mandé saludos y Roberto me la pasó por teléfono. Sinceramente no pensaba llamarla para tomar el café que le había propuesto por twitter públicamente, pero ya no había marcha atrás: quedó de recogerme a las 7 p.m. Me arreglé natural, Valeria me preguntó por qué siempre me iba y le dije que saldría a cenar con su mamá. No supe cómo ni en qué momento Rubí estaba dentro del departamento y con su enorme ego marcó territorio.

—No te he conseguido los protectores de la mesa —decía al acariciar las esquinas de un cristal grueso que pone en peligro la cabeza o el ojo de cualquier niño atrabancado.

Yo muy educada le ofrecí agua, ella sonrió y respondió:

—No, gracias —Roberto, apabullado, se quedó sentado sin decir nada.

Mantuvimos distancia para observarnos mejor de los pies a la cara, ojos de lince y fuego en la mirada; el resto era colágeno, tetas y culo con cicatrices escondidas de bisturí. Luego se sentó a convivir, después de todo estábamos en familia. Le ofreció a Roberto unos *tickets* para que me llevara a un concierto privado que sus amigos, 16 veces ganadores del Grammy Latino, darían el martes por la noche. Ella se hacía la superada y él disimulaba indiferencia.

—¿Nos vamos? —me retó con el rostro.

—Vengan, gordos, denme un beso y despídanse de Mariana. Pórtense bien esta semana con papá.

—¡Mami, mami, Mariana duerme en mi cama! —exclamó Valeria.

—¿Contigo mi amor? —preguntó Rubí.

—No, yo duermo con mi papá —respondió melosa y triunfante la niña que destrozaría con inocencia a cualquier contrincante. Ése ha sido el peor nocaut que he recibido, mi derrota frente a la madre.

Me acerqué a darle un beso a Roberto por si a mi regreso él ya estaba dormido pero dijo que me esperaría viendo el Super Bowl. Se quedó en casa con los gordos mientras veía cómo su ex mujer me llevaba de paseo. Tal vez pensando que seguramente tendríamos mucho de qué hablar. Situación *sui generis*, me fui con la finta de que sería conveniente para los tres. Al menos me divertí durante la cena.

Ella manejaba con GPS, buscamos el restaurante perfecto para este peculiar encuentro. Señalaba por fuera los restaurantes favoritos de Roberto y me daba *tips* de lugares románticos que él no conocía en la playa adonde podía llevarlo. De las 8 p.m. a las

10:30 p.m. cenamos un delicioso pescado fresco y tomamos cada quien dos copas de vino blanco.

—Dígame… —comenzó la plática Rubí, sentadas frente a frente. No era que me respetara mucho, en su país a la gente se le habla de "usted".

—Primero que nada, quiero decirte que tienes unos hijos maravillosos.

—Sí, mis gordos son el motor de mi vida —suspiró.

—Quería conocerte para que supieras con quién conviven.

—Yo también, se lo dije a Roberto desde hace tiempo. Cuando regresaron de San Antonio estaban felices, eso me tranquilizó demasiado, me preocupaba que no fueran a portarse bien, tú sabes, son niños. Cuando usted sea madre lo entenderá, ¿le gustaría?

—Sí pero sólo que tuviera las condiciones ideales para formar una familia.

—Yo creí que me casaba para siempre, mis padres llevan juntos 48 años, ¡imagínese! —dijo con desánimo y admiración.

—Los míos se separaron por primera vez cuando tenía siete años, después regresaron "por nosotros", y cuando tenía 16 se divorciaron.

—¿Cómo se conocieron usted y Roberto? —comenzó el interrogatorio.

—Nos presentó un amigo común, Rubén Alcántara —hizo gesto de no conocerlo.

—Fueron compañeros en la primaria y se encontraron en Suiza porque sus hijos estudian allá. Le pareció buena idea y le dio a Roberto mi teléfono para que me llamara cuando fuera a México. Le pregunté a Rubén si Roberto estaba divorciado, y me respondió que en proceso. Así que acepté la invitación a comer.

—Ni siquiera en proceso. Yo tenía un contrato para trabajar en mi país, pero Roberto se vino a Miami. Si me fuera con mis hijos, que tienen nacionalidad estadounidense, me demanda por secuestro. Me tiene amarrada y yo no tengo la plata para pagar los abogados que él tiene.

—Él me dijo que si se divorciaban tú perdías la visa, te mandarían de vuelta a tu país, y él estaría lejos de sus hijos —comparé las versiones.

—No, yo ya tengo visa de trabajo aquí, me la sacó mi novio Joshua, es el abogado de inmigración más *bacano* que hay en Miami, el que siempre le ha tramitado sus papeles a Roberto. Por cierto, me dijo que usted tiene una cita en Teleculebrón, si necesita ayuda para la visa yo le puedo dar sus datos.

—Muchas gracias, ya la tengo —me causó gracia el enredo.

—Me dice Roberto que usted tiene una obra muy exitosa, ¿cómo hago para verla? ¿Está en internet? Debería de montarla aquí en Miami —Rubí estaba enterada de todo—. Nunca deje su carrera, ojalá alguien me lo hubiera dicho hace siete años. Yo quise trabajar ahora como corresponsal de mi país en una estación de radio pero acababa muerta, llegaba a recoger a mis gordos a sus clases ya sin energía.

La dejé hablar. Todo lo que dijera me ayudaba a construir la respuesta que buscaba. Al observarla, descubrí que su lenguaje corporal también hablaba, y mucho.

—A mí antes me iba muy bien, Roberto se fascinaba de todo lo que hacía cuando modelaba. Después de tener bebés me presionaba para que fuera al gimnasio o me echaba en cara si subía de peso. Es muy exigente pero lo quiero. Roberto es el padre de mi vida, perdón, quise decir el hombre de mis hijos, bueno, ¡el mejor papá! —esa dislexia verbal fue muy reveladora.

—Y ustedes, ¿cómo se conocieron? —ya lo sabía, pero quise hacerla sentir importante.

—En una carrera de celebridades que él corrió en mi país hace casi siete años; yo estudié periodismo y me tocó entrevistarlo, él empezó a buscarme. Estaba comprometido con una novia con la que llevaba dos años, pero la dejó. Nos enamoramos. Nuestra boda fue como siempre había soñado. Luego tuvimos a nuestros bebés y mi vida se volvió similar a la película *Durmiendo con el enemigo*.

—¿Por? —me intrigó la referencia al título.

—Haga de cuenta que ésa era mi historia. ¿No le ha pasado? Roberto es maniático del orden. Ha cambiado, pero cuando lo conocí, si movía el salero hacia la derecha, lo devolvía a su lugar original, hacia la izquierda. Yo lo vacilaba moviéndoselo en círculo, al principio se enojaba pero al final se reía.

Sonó su celular, miró quién era, y cambió el tono de voz al atender:

—Aquí seguimos, amor, ya te llamo cuando terminemos la cena y nos vemos.

Colgó y sonrió:

—Era Joshua, el que me hace cucharita ahora. El fin de semana pasado nos fuimos todos juntos a Orlando en su camioneta, juntamos a sus hijos con los míos. Roberto no podría sentarse a platicar con él, así como estamos usted y yo. Padres, ¡muchos! Madre, ¡sólo una! —dijo orgullosa.

Ese último comentario iba directo a mi cabeza pero lo esquivé.

—Tal vez más adelante acepte, si sigues con Joshua —sembré la duda.

—¿Por qué no voy a seguir? —respondió a la defensiva.

Rubí me contó que cuando eran novios conoció a la ex esposa de Roberto, una gringa que a pesar de la ruptura, mantuvo amistad con "nuestras" cuñadas, por lo que ella, que estaba en medio, se sentía la boba de la película. Que le habían contado que la ruptura fue consecuencia del alcoholismo de la ex, pero que al conocerla descubrió que era una exageración.

Continuó diciéndome que Roberto opinaba que ella, Rubí, era una inmadura, un barril sin fondo, que tuvo la suerte de nacer bonita, abrir la boca y lograr que le solucionaran sus problemas. De mí seguro dirá que soy intensa, pensé. Esa cena parecía un pase de estafeta, no sabía si estaba hablando con la ex de mi novio o con una especie de suegra.

Volvió a sonar su celular, esta vez era su mamá, quien me mandó saludos y le dijo: "Qué bueno que sean tan civilizados y modernos." Nadie pensaría que duraría tanto lo que sólo sería un café.

—Cuando ya no quise regresar a Suiza, me mandó en cajas todas mis cosas: cartas, ropa y fotos, menos un collar de diamantes que me había regalado. Dice que tengo vida de princesa, ¡por favor! Prefiero que mis hijos tengan una madre alegre con menos lujos a que me vean amargada, por eso quiero entrar de nuevo a trabajar pero él no me deja, dice que me paga para que sea mamá, y que si no quiero que pague la mitad de la renta del *penthouse*. Oiga Mariana, ¿cómo le voy a hacer yo para pagar? Cuesta siete mil dólares mensuales, ¿de dónde voy a sacar esa plata?

Me preguntó si había ido con él a Suiza, afirmé con la cabeza. Ella dijo que le aburría pero Roberto la había convencido de que allá era primer mundo y la vida sería mejor. Dijo que él cambiaba de opinión de un día a otro:

—Antes odiaba Miami y ahora le fascina, se programa para lo que le conviene.

Continuó hablando:

—Roberto me dice que ya no lo joda porque le marco todo el tiempo pero luego me pide que lo acompañe a comprar comida al supermercado, pobre no sabe estar solo. Ojalá encuentre a alguien que lo quiera por quien es, no por lo que representa, y que lo confronte como yo.

—Rubí, yo vengo de una familia desintegrada, y si yo viera que entre ustedes hay alguna posibilidad de reconciliación me haría a un lado —le dejé claro. Ella reaccionó asombrada:

—¿Está diciendo que Roberto y yo volvamos? ¡No! Yo viví mi duelo año y medio antes de separarnos. La primera vez que pensé en divorciarme ya venía Freddy en camino y mi padre se había puesto enfermo.

Ahí escuché lo que necesitaba, lo demás fue cotorreo. Agotados los temas relevantes, pedimos la cuenta. Ella insistió en pagar la cena, le dije que a la siguiente invitaba yo.

—¿La siguiente? —exclamó compadeciéndose de mi inocencia.

La imagen que tenía de Rubí al haberla visto primero en fotos, pasó de ser una chichona de calendario a una chichona más humana, astuta y amena, con buena conversación de la farándula y política; nada profundo. Lo que sí es que estaba en búsqueda de su liberación. Me brindó su amistad, nos agregamos en whatsapp, había sugerido que cuando volviera a Miami organizáramos una cena los tres e invitáramos al *manager* de Sofía Vergara, y que Roberto, con sus contactos, me ayudara en mi carrera. Pero al día siguiente me eliminó, seguro él la amenazó. Creí que podía haber una relación cordial entre los tres, al menos que los planes de Roberto no fueran seguir conmigo.

Entré al departamento y las luces estaban apagadas otra vez. A veces picas a alguien para que despierte, pero en esta pesadilla fue contraproducente.

Por primera vez sentí cómo cala la envidia: ella, Rubí, lo desquiciaba, y él la protegía. Roberto acostumbra darle besitos a sus gordos en la boca, hacía todas las cosas que ni mi mamá ni yo recibimos de mi padre: demostraciones explícitas de afecto, pero hoy lo entiendo de otro modo. No era que mi padre fuera insensible, sólo no sabía cómo expresarme, y por eso me arrepiento de haber sido cruel al escribirle: "Extraño más tu ausencia sabiendo que estás vivo." El trasfondo de mis palabras era una demanda a gritos de atención. Pero si de niños interpretamos mal las cosas por falta información, de adultos somos más rebuscados. Me quejaba de abandono, pero era yo quien se aislaba por miedo a quedar desprotegida de quien amaba. Lo aprendí cuando tenía siete años y mi madre sumisa se las ingeniaba para salir adelante. Ahora sé que mi corazón merece amar sin desconfianza y que no necesito buscar el cariño de papá en otros hombres para reivindicarlo, ya lo perdoné y le devolví sus problemas, que no me corresponden.

A la mañana siguiente de aquella controvertida cena, me levanté a prepararles el desayuno a Freddy y Valeria antes de que Roberto los llevara al colegio. Entonces me confrontó disimulando su enojo con las dos:

—¿Qué tanto se dijeron ayer?

—¡Nada! —le respondí— Todo bien —me hice la misteriosa sin saber qué decir.

Más tarde, mientras le ayudaba a cambiar las sábanas de su cama y separar la ropa que llevaría a la lavandería, irritado me dijo:

—No me gustó para nada que te fueras a cenar con Rubí.

Mi neurosis me convenció de que estaba en mi derecho de haberlo hecho, por lo mismo no discutí ni le ofrecí una disculpa. Aunque pensé que si existía una siguiente vez, sería más prudente. Los débiles se asimilan con las culturas más fuertes, así fue como los aztecas aprendieron el castellano y los españoles nunca hablaron náhuatl. Roberto adquirió el acento sudamericano con todo y modismos. Constaté lo que pudo atraerle de Rubí; además de su exuberancia física, era alegre, *fashionista*, bailadora y divertida: todo lo que él no podía.

Cuando quise contarle los *highlights* de la cena, ya no quiso escuchar:

—Prefiero no saber, luego es peor, ella puede llegar a inventar cosas como mi mamá —se cerró con recelo.

—Lo único que considero importante que sepas es que no hubo nada malo y fue por tus hijos. También quise ponerle rostro a un fantasma para perderle el miedo, tanto me hablabas de ella que quise conocerla —lo que no le dije fue que me espanté más y que deseaba salir corriendo. Era muy dominante con él y cada acción de ella repercutía en mí drásticamente.

Después del incidente procuramos convivir en armonía. Se ofreció a rentarme un auto para trasladarme libremente a mis citas. La primera fue en Teleculebrón con mi *manager;* al director de talento le agradó mi presencia, conocía mi último trabajo en televisión pero lo que más le entusiasmó fue enterarse de que tenía dónde quedarme y con qué moverme, ¡error!

Después, fui a comer con un conocido muy gentil, un guapo asesor financiero, joven y casado. Aún con férula en el pie por esguince de tobillo, caminó conmigo en Lincoln Road para que pasara una feliz estancia durante el viaje. Antes de regresar a su oficina, me indicó dónde había una linda plaza comercial para hacer *shopping* y me recomendó el mejor restaurante japonés de la zona para sorprender a mi galán. Esa noche me arreglé despampanante, los gordos se quedaron en casa de Rubí con su nana durante la cena. Al regresar pasamos a recogerlos, aunque antes nos dimos un faje exprés en la sala.

Por las tardes buscaba actividades extras, después de las 4 p.m. Roberto dejaba a sus gordos en clases de tenis, futbol y gimnasia, pero no quería que lo acompañara pues implicaba cruzar conmigo la frontera Key Biscayne, donde vivía Rubí. Argumentaba que le daba flojera explicar qué pasaba a la gente que lo conocía. ¿Era eso o la posibilidad de retorno que premeditaba?

Nuestro último encuentro erótico sucedió en la regadera, la misma tarde en que regresaría a México, y el apuesto asesor financiero, con autorización de mi novio anfitrión, me llevaría al aeropuerto para que no me fuera en taxi. Aunque el día estaba lluvioso, mi querido Beto llevó a sus gordos a clases.

Con mi maldita costumbre de querer hablarlo todo, este viaje pudo servir para deshacer el compromiso en persona, pero ninguno tuvo las agallas.

—¿Por qué me pediste que fuera tu novia? —pregunté.

—Lo mismo me pregunto yo —rio nervioso. Fue un *lapsus*, creo.

—*See you when I'll see you* —me despedí resignada.

—*I'll see you soon* —besó mi frente, agradecí la estancia y se fue.

En cuanto llegué a México busqué a la terapeuta que me recomendó Consuelo, a quien supuestamente le podía contar cualquier cosa sin censura para que me pudiera guiar con más certeza. A ella le ayudó a superar la ruptura con su ex después de cinco años de mantenerlo. La encontré, y al lunes siguiente me citó en su casa. Puntualmente me recibió en su estudio, en las paredes había varios diplomas de psicóloga y sobre el librero obras de autores como Jung, Freud y otros terapeutas contemporáneos; además de cartas del tarot y budas. Se llama Lucy, nunca me fijé en su apellido pero daba igual, yo quería probar sus dotes de asesora emocional.

Lo primero que hizo fue preguntarme qué me hacía acudir a ella; entonces comencé a hablar, hablar y hablar, mientras ella escuchaba y anotaba. Después de media hora, diagnosticó mi evidente problema: complejo de Electra. Después le pregunté si podía explicarme cuáles eran las relaciones kármicas de las que Consuelo me había hablado para ver si la mía clasificaba en ese tipo y me ayudara a librarme. Mi ventaja, y desdicha a la vez, es obsesionarme por entender cada cosa que me sucede; a veces llego a enloquecer cuando no encuentro respuestas congruentes. Lucy me explicó:

—Antes quisiera hablarte de los miedos karmáticos, tienen que ver con la adicción al sufrimiento por traumas. Como bien sabes, el miedo es una herramienta natural que nos ayuda a percibir el peligro, riesgo o amenaza. El problema surge cuando es abundante y te paraliza. Por ejemplo, ¿a qué le temes?

—Cuando tengo novio me deprimo, la ansiedad me mata y mejor termino. La soledad consuela en silencio lo que mi corazón clama y recobra en soltería. —Le conté mi angustia mientras ella anotaba en su "chismógrafo" rojo.

—El karma negativo se refiere al aprendizaje que los seres humanos experimentamos a través del dolor, se desarrolla cuando nuestra vida se manifiesta en el plano físico de la tercera dimensión y nuestra conciencia no permite un desarrollo más elevado. Las memorias fragmentadas que acumulamos construyen nuestra personalidad, y el reto es reunir todas las partes desintegradas que nos causan infelicidad. Por eso las parejas kármicas se asocian con violencia física o psicológica, triángulos amorosos y abusos de poder que a veces logran sanarse a través de muchas heridas.

—Pero, ¿cómo identificar si estás en una pareja kármica? —cuestioné.

—Cuando lo que los une son sus vacíos, es decir, huecos creados por estructuras sociales, creencias, dependencias, patologías, miedos o emociones intensas e irresueltas como culpa, celos, ira y rencor. Cuando el egoísmo de uno se nutre con el del otro y lo controla, cada "sí" es una carga de energía y cada "no" lo desvitaliza. Cuando ambas partes permanecen unidas por ataduras y el amor se basa en condiciones y juicios por no corresponder a las expectativas, en lugar de ser complementos dispuestos a compartir.

La escuché mientras sacaba deducciones de lo que decía.

—Cuando de manera instantánea se desata en los *jugadores* kármicos una necesidad urgente de permanecer juntos sin

134

haberse visto antes, pero al mismo tiempo sienten que se conocen de hace mucho tiempo y surgen viejos patrones de intensas emociones, tienen la oportunidad de actuar diferente para evolucionar espiritualmente; de lo contrario, la aparición del mismo problema en diferentes escenarios será repetitivo hasta que logren soluciones sabias.

Todo lo que escuchaba me parecía más esotérico que científico pero tenía sentido.

—¿Lo termino? —consulté a Lucy refiriéndome a Roberto como novio.

—No, espera a que lo trabajemos —más sesiones, más dinero, pensé yo—. Te dejaré tarea para constelar la relación con tu familia, especialmente con papá y los hombres que han marcado tu vida. Debes investigar en tu familia materna y paterna si hay suicidios, asesinatos, concubinas, hijos no reconocidos, migración y todo lo que puedas saber, además de anotar cualquier sueño que tengas sin contárselo a nadie porque lo olvidas.

Me costó demasiado trabajo recopilar datos, simplemente por parte de mi mamá en el árbol genealógico vivimos 500 familiares. Dice la leyenda que a los 12 años a mi abuela se le disparó el cañón de una escopeta y le desfiguró la cara a una empleada doméstica que maldijo a su descendencia. Ella enviudó a los 40 años, cuando esperada a su doceavo hijo; a mi abuelo lo asesinó un hermano por dinero después de una cobranza, era ganadero. A sus hijos no les fue mejor: la mayor se suicidó, otra fue asfixiada por un médico después de abusar de ella en un hospital psiquiátrico; al más trabajador lo apuñalaron en su casa, trabajaba en el departamento de información en el Senado; otro falleció por diabetes después de que le amputaron los pies. Y por parte de mi papá encontré solteronas, desaparecidos e incestos; pero al igual que en la de mi madre, familiares religiosos, políticos y médicos. Quizá algún día regrese por curiosidad a indagar más sobre mis antepasados, de momento con mi presente es suficiente.

Cindy me recomendó varios libros, en especial uno, *Amarse con los ojos abiertos,* de Jorge Bucay, psicodramatista argentino experto en temas de pareja y codependencias. Ese texto me ayudó a entender la proyección; es decir, cuando convertimos a nuestra pareja en el espejo en que deseamos vernos, hasta que desgastado se transparenta y el cristal permite ver realmente quién habita del otro lado y descubrir que no es como lo imaginábamos.

Mi conclusión fue que me había metido en un triángulo amoroso semejante al que viví cuando tuve que decidir si quedarme con mamá o papá cuando era menor de edad, y al final opté por mi propio camino. Misma historia, personaje similar en distinto escenario. Roberto no era culpable, ni yo víctima, o Rubí villana, simplemente se cruzaron nuestros procesos. Sus hijos tendrán que hacer lo que alguna vez yo hice, comprenderlos sin asumirme parte de sus problemas. En este caso la batalla estaba perdida, pero nadie tenía la dignidad de retirarse. A veces, por terquedad, esperamos a sentir la espada atravesada en el pecho antes de retirarnos con honor, hasta el final del juego.

Las llamadas diarias de larga distancia por la noche continuaron y el envío de fotos o mensajes al despertar, somos animales de costumbres. Las últimas conferencias con Roberto eran absurdas:

—Hola amor, fui a cenar con Rubí y los gordos, quiero que mis hijos me vean más con su mamá.

¡Por fin! Este hombre manifestó lo que realmente quería y no era estar conmigo, o bien quería tener la mejor parte de las dos. Se me agotó la misericordia, exploté y lo desperté de madrugada. Eran las dos de la mañana, recordé que me sentía más completa antes de ser su novia, y lo último que necesitaba era una relación a medias; para eso prefería estar sola, con la cabeza en alto y sin menosprecios de mi pareja. Con voz quebrantada me pidió perdón si en algún momento me había lastimado. Al principio me sentí liberada, luego me asaltó la depresión, había fracasado en mi papel de redentora. Esa noche, por salud mental y rechazo a las dependencias, me reusé a seguir tomando las pastillas para el insomnio que me recetó su amigo psiquiatra y guardé el medio frasco que aún quedaba en uno de los burós junto a mi cama.

Un día después de haber terminado, previo a dar función de mi obra *Soltera pero no sola*, le escribí un correo electrónico y mantuvimos correspondencia. Creía que el valor se demuestra frente a frente, pero él nunca volvió a darme la cara, se escondió detrás del monitor. Al poco tiempo, supe que estuvo en México pero ni para un café de amigos me buscó. En mi segunda sesión, Cindy, la psicoterapeuta, leyó minuciosamente todos los correos tras haber terminado esta relación kafkiana y orgullosa de su clienta y expresó:

—Te ahorraste seis meses de tiempo, tarde o temprano eso iba a suceder y te felicito por haber sido tú quien tuvo el valor de tomar la decisión.

Y como disco rayado, así terminó esta canción con Roberto para rendirle luto a mis antiguos miedos:

Fecha: 22 de febrero de 2012
Asunto: AMOR
Amor, te digo así porque los sentimientos cuando son verdaderos jamás desaparecen... A unas horas de distancia, mi mente sigue progresando en espiral. Cuando te alejas un poco de ti mismo es más perceptible conciliar los sentimientos con la razón. Quiero decirte, entre los breves mensajes que te envié durante el día, que mañana daré mi primera función realmente como soltera pero no sola, *jamás te has ido de mi corazón y el tiempo será como un dios sabio y justo para los dos.*

Lo más importante en este mensaje es dejarte claro que no te juzgo por el barco en el que navegas, y que te agradezco en el alma que me hayas invitado a tu viaje con tanta transparencia. Tengo muchísimo que agradecerte, rompiste mis esquemas con amor y entrega hasta donde un hombre bondadoso puede dar. Te comprendo y si yo tuviera hijos haría lo mismo para protegerlos con el derecho que todo padre tiene a equivocarse porque al mundo nos mandan sin manual, ni garantía.

Quiero que me sigas considerando tu amiga como desde el primer momento que cruzamos una mirada, intercambiamos experiencias, nos reímos y valoramos lo que en la vida realmente vale la pena. Me siento muy afortunada de que un ser humano como tú se haya detenido más allá de una noche a conocerme, a compartir el presente, a entregarse fielmente sin engaños ni estrategias, por creer en mí y confiar en que lograré mis metas como cuando tenías mi edad.

No tenemos que ser drásticos como a veces en que nuestro temperamento nos hace tomar decisiones de las cuales podemos arrepentirnos, contradecirnos o, como dice tu tío, dejar atrás y cerrar ciclos. Nuestra intensidad es fuerte pero afortunadamente somos inteligentes y sensibles ante la vulnerabilidad de los demás. Pienso en ti y deseo que seas feliz, de verdad lo mereces. Los dos hemos pagado los platos rotos que una familia desintegrada deja, pero eso nos ha hecho más fuertes.

Lucha por tus ideales, nunca dejes de ser tú mismo, y cuando el amor se mezcle con el miedo, frena... Cuando tengas claro qué sientes, arriésgate, perdona, libérate de lo que en el pasado pudo haberte hecho daño desde que eras un niño. Lo más valioso que tengo, mientras mis semillas no se reproduzcan, son palabras, mensajes, segundos y amigos. Las prioridades en tu vida las tienes muy claras, lo que a veces te descontrola es creer que puedes controlarlo todo, pero no es así.

Pudiera seguir escribiéndote pero no quiero ser más extensa para que releas detenidamente cada párrafo y sientas lo que en este momento quiero transmitirte aunque sea electrónicamente: te quiero, te quiero, te quiero y sé por tus acciones que me quieres, me quieres, me quieres y eso es indeleble, pase lo que pase.

Despéinate un poco y disfruta tu proceso, sácale jugo al sudor de cada carrera pero más al de tu frente para superar las pruebas de la vida. Cada persona resuelve a su tiempo una raíz cuadrada, permítete cometer errores porque nadie es perfecto. Te mando un abrazo como el que te pedí aquella noche que me acompañaste a casa, recuerdo nuestro primer beso.

MG

Fecha: 22 de febrero de 2012
Re: AMOR
Qué lindas palabras, los sentimientos son mutuos y gracias por entenderme. Mi familia en estos momentos es lo más importante en mi vida y necesito tiempo para adaptarme, nuevamente, a un cambio en Miami cerca de ellos. Lo nuestro sucedió muy rápido y creo que si lo hubiera pensado ni siquiera nos hubiéramos conocido, no estaba listo. Sucedió y no me arrepiento aunque me duele que sufras por esto, dejemos que el tiempo acomode las cosas y cuentas con mi amistad para siempre, te quiero mucho y sólo deseo lo mejor para los dos.

Muchos besos y suerte esta noche, hazlo como sabes hacerlo, ¡de cien!

RQ

Fecha: 24 de febrero de 2012
Asunto: Re: Re: AMOR
¿Cómo demostrarte lo que siento por ti? Creo que hui de una situación lastimosa como cuando me fui de casa a los 18 años

persiguiendo mis sueños, buscaba libertad y paz en mi corazón. La atención de mi papá no era suficiente, me dolía ver sufrir a mi mamá y me daba impotencia no poder resolver nada. Si no me hubiera ido estaría hundida en el barco con mi familia, así que decidí tomar una lancha para salvarme y regresar a rescatar sobrevivientes. Justo lo que pasó 14 años después con el secuestro de mi hermano. No ha sido fácil caminar sola, a veces necesito alas, pero también anclas en donde establecerme. Mi más fiel compañera he sido yo, y quisiera compartir mi ser con quien pueda valorarme en pareja.

Ayer tuve mi segunda terapia, cada vez comprendo más por qué me enamoré de ti y estoy de acuerdo en que lo nuestro sucedió muy rápido, nos lo advirtieron pero fue inevitable porque tu pasión es la velocidad, jaja.

Mi única duda es si cuando hablas de tu familia te refieres también a Rubí. Lo pregunto porque cuando hablé con ella, más que chismear fue un encuentro maduro, quizá innecesario en un contexto más normal, pero quería saber si ella regresaría contigo. Quizá debí confiar más en ti, pero me di cuenta de que decías una cosa y hacías lo contrario, por tanto, me confundí mucho.

Así como tú te proyectas a veces en mí, yo siento una proyección en tus hijos, por eso acepté el lugar que me diste para protegerlos. Como equipo las cosas son más sencillas cuando la comunicación es directa, porque cuando los problemas son producto de nuestros miedos, las situaciones imaginarias solamente se resuelven con hechos, más allá de las respuestas que da el tiempo.

Me hice a un lado en contra de mis deseos, voluntariamente, para darte un espacio en el que puedas actuar con claridad, pero si me necesitas no dudes en llamarme porque yo también, a pesar de la distancia, te necesito mucho.

TE AMO, MG

Cuando siembras honestidad, cosechas verdades… con abono.
Última respuesta:

Fecha: 25 de febrero de 2012
Re: Re: Re: AMOR
Mariana, quiero ser bien sincero contigo para no crear ninguna falsa expectativa: es difícil para mí poder comunicarte exactamente lo que siento ya que ni yo mismo estoy seguro al cien por ciento. Como te comenté antes, mi prioridad y sentimientos absolutos están dominados por mi familia, incluyendo a Rubí, por ser la madre de mis hijos. Soy una persona acostumbrada a tener estabilidad y control de las situaciones, cosa que en los últimos dos años no he tenido, eso ha sido difícil de digerir y aceptar. Yo sólo estoy tratando de regresar a la normalidad, a una estabilidad sana y madura para todos, donde mis hijos sean los más beneficiados al final. Antes, sólo me preocupaba por mí y mi carrera, después fue Rubí y posteriormente mis hijos, que han tomado la delantera en mis prioridades; son mi vida, mi todo, deseo lo mejor para ellos y sacrificaría lo que fuera por darles lo mejor, principalmente educación, estabilidad y amor, mucho amor.

Soy una persona muy tranquila, trabajadora y muy sana, me encanta el concepto de familia y eso lo extraño muchísimo, extraño estar con ellos, juntos todo el tiempo. Extraño ver a mis hijos al despertar, verlos llegar a diario del colegio, todo eso. No me gusta el desmadre o la fiesta frecuente, de vez en cuando sí, pero en general no, soy una persona en ese sentido aburrida para muchos, pero para mí me llena y me da alegría, estabilidad.

No soy perfecto, tengo defectos como todos pero parte de mi éxito en lo profesional ha sido mi dedicación absoluta a lo que amo, igual que tú. Por eso en muchas cosas somos parecidos, pero al final no podemos tenerlo todo y hay partes que hemos sacrificado para lograr metas personales. Por ejemplo: en mi vida personal tengo muy pocos amigos, y los que tengo están lejos debido a mi profesión, me la he pasado de un lado para otro. Mi equipo y mi carrera en Estados Unidos eran parte de mi familia, mi estabilidad, ahí tenía a mis amigos y eso lo he perdido. Al mudarme a Europa, ya sin equipo, me encontré no sólo viviendo en un país extraño, sino también en un ambiente profesional distinto, donde ya no era mi propio jefe y el ambiente nada de mi agrado. Pasé momentos difíciles, sufrí episodios depresivos por las circunstancias; y luego, Rubí se va y me deja solo en Europa sin amigos y sin ver a mis hijos, ya te imaginarás. Los últimos siete meses han sido muy duros, he pasado por momentos difíciles con depresión, confusión, dudas personales, etcétera. Sobre todo cuando uno está consciente de que no ha hecho nada que justifique lo que sucede; entonces, me encuentro en un momento difícil en mi vida, de transición, que sabré superar sin duda, pero ahora no es fácil.

Tú, Mariana, llegaste en el momento en que más débil estaba, cuando necesitaba mayor atención y cariño porque me sentía de la mierda. La verdad no buscaba nada, sólo quería conocer, pero realmente no quería que sucediera lo que sucedió, no estaba listo y, en el fondo, sabía las consecuencias, pero las cosas pasaron y, como te comenté, no me arrepiento. Por eso he actuado últimamente como me has visto, por proteger a mis hijos principalmente, y para no dañarnos a nosotros. Tenía intenciones de hablar contigo antes y decírtelo, pero no sabía cómo para no lastimarte. Creo que por ahora necesito alejarme, necesito mi espacio para pensar y solucionar mis problemas, perdonar, escuchar a mi corazón y el tiempo acomodara las cosas. Sé que esto no es lo que querías escuchar, pero quiero ser sincero contigo.

Te deseo mucho éxito, sigue cosechando más triunfos y creciendo con esas ganas. Al final, no tengo duda de que tendrás el lugar que mereces. Te quiero y te admiro por ser una mujer luchona, inteligente y cariñosa. Me hubiera encantado haberte conocido en otras circunstancias y creo que otra cosa hubiera sido, pero por ahora se anteponen muchos sentimientos que nos impiden vivir libremente la relación.

Lástima que en los autos monoplaza no caben más personas. Qué triste ser famoso sin encontrar un balance familiar, cuidaré que mi futuro no sea igual. Las desilusiones son más fuertes mientras envejeces. Aspiraba a un hombre exitoso y de buen corazón, apasionado con su profesión, simpático y que no fuera mujeriego. Lo había encontrado pero nos faltó madurez para manejar nuestras emociones ante las situaciones de crisis y así fue como nos estrellamos.

Es fácil juzgar desde afuera a otras parejas. Si en nuestra intimidad pudiéramos trasladar nuestras relaciones al ejemplo que percibimos de los padres cuando éramos niños, para bien o para mal, entenderíamos por qué elegimos a ciertas parejas o la causa del porqué las perdemos sin resolver nuestra falla y preferimos seguir culpando a los demás. Todas las personas tenemos carencias, fracturas emocionales y deseos frustrados en distintas frecuencias. Con el cuerpo que nos tocó experimentamos karmas que podemos disolver con inteligencia emocional. El trabajo personal se logra a través del espejo, uno interno llamado conciencia, y el externo, a través de la proyección en los demás. Sólo así podemos detectar el patrón de pensamiento que debemos cambiar, de otra manera es imposible adquirir nuevas conductas y diferentes resultados. Logré quitarme la venda de los ojos y aunque sienta que vuelo, rechazaré el enamoramiento a ciegas porque me estrello.

Una semana después de mi truene sonó el teléfono: era mi *manager* para ofrecerme un papel estelar, tenía que estar en Miami al día siguiente pero las prestaciones eran bajas y no incluían automóvil ni hospedaje.

ABRE LOS OJOS, CIERRA LAS PIERNAS

Apenas terminé con Roberto, fui a despedirme de mi ex suegra Matilde, y de paso recogí cosas que había dejado en su casa.

—Ahora que Rubí se entere de que terminaron, dejará de joder tanto a Roberto, los siete años que estuvo con ella fue muy grosero conmigo. Él está acostumbrado a cortar a sus novias, la vida solita se las cobra. Espero que tú y yo sigamos siendo amigas —me dijo, asombrada de mi decisión.

—Creo que eso no va a ser posible Mati. No lo tomes personal pero verte me recuerda a él y no quiero, Rubí resultó ser muy tóxica para mis entrañas.

—Y tú me recuerdas a él, tienes razón, te deseo lo mejor.

No quería repetir el mismo error de mantener amistad con familiares de ex parejas, como con Federico, una historia similar a la de Roberto: padres divorciados, él venía a México por un mes, me hizo su novia a la semana y me presentó a su familia, me invitaron de viaje, pero cuando me mudé a casa de su papá enfermo en México terminamos. Una historia difícil de explicar, otro karma saldado. Era un hombre apropiado a mi edad, él tenía 26 y yo 21, vivía en Los Ángeles, era un excelente músico que aprendió a tocar violín y piano desde los tres años, graduado en la Universidad de Berkeley, bromista y, para mi gusto, guapo.

¿Por qué me mudé a casa de su papá enfermo en México? A veces hago cosas que en su momento creo normales hasta que tomo distancia, analizo los finales y me sorprendo. Tenía una vecina que estaba loca, una vez me confesó que tenía escondido en su apartamento a un terrorista de la ETA; luego empezó a reclamar necedades, una forma de acosarme. Fui a Querétaro para visitar a mis padres, les conté, se preocuparon y me prohibieron regresar a vivir ahí donde rentaba sola. Yo quería regresar al D.F., le hablé a mi suegro para consultarle si me rentaba un cuarto que tenía desocupado en el jardín, afuera de su casa, el cual alguna vez había servido como gimnasio. Aceptó y a los dos meses de vivir ahí renunció su enfermera, corté con Federico y en lugar de buscar otro sitio donde vivir al instante, me quedé a cuidar al viejito. Ese señor era clínicamente maniaco depresivo, compulsivo, obsesivo e hipocondriaco; admirador de Hitler y Napoleón, tenía Parkinson, cadera de acrílico, arteriosclerosis, insomnio, problemas de vejiga y cinco intentos de suicidio en sus antecedentes. Descubrí esto durante ocho meses de convivencia diaria. Mi espíritu calcutesco era tan grande que lo aguanté pero el precio del hospedaje salió muy alto. Mi compañía fue el mejor remedio para su soledad, tenía hijos de distintas madres que prácticamente lo abandonaron, les resultaba conflictivo encargarse de un anciano con problemas psiquiátricos. Pero eso sí, eran unos inútiles que solamente lo visitaban cuando necesitaban dinero. Aprendí de recetas médicas, le hacía de comer, lo llevaba al cine o a los toros con todo y pañal. Le conseguía cuidadoras para irme de su casa, no podía valerse por sí mismo pero inventaba pretextos para correrlas, no le gustaban sus nombres o decía que tenían los tobillos gruesos. Era muy racista y después demostró ser chantajista. Me amenazó con quitarse la vida si no me casaba con él. Era viudo y creía que así me amarraría para el resto de sus días, además de vengarse de su familia, quienes tenían expectativas puestas en la herencia, riqueza proveniente del mundo petrolero. ¿Cómo me libré de convertirme en la esposa de mi ex suegro suicida? Manejé hasta el registro civil en una delegación desconocida, él trajeado y yo en jeans, nos bajamos. Con su bastón se adelantó unos pasos y dijo:

—Me quiero casar.

Me quedé atrás de él para suplicarle a la juez con señas que no procediera, que estaba loco. Ella percibió mi angustia y sospechó que la situación escondía algo turbulento ajeno a mi voluntad; era evidente la diferencia de edades, entonces dijo:

—Lo siento señor, en tres minutos cerramos.

—¡Hágalo rápido! —se encaprichó don Genaro.

—No puedo, señor, necesita testigos y varios documentos para el trámite.

—Le pago lo que me pida, pero cáseme ahora.

—Ya le dije que no, el Registro Civil es algo serio, con permiso.

¡Me salvó la campana! La juez se retiró y desolado lo llevé de regreso a casa; suplicaba que fuéramos a otra delegación o que nos casáramos en Las Vegas, pero después de su fallido intento me armé de valor para negarle mi mano: si de verdad quería matarse yo lo ayudaría, pero tendría que aventarse a un precipicio.

Le tomé cariño al señor, se comportaba como niño chiquito lleno de mañas para manipular pero era bueno, ávido lector de novelas históricas. Un día me pidió que le consiguiera marihuana porque había visto un documental acerca de sus propiedades curativas, aunque antes la veía despectivamente porque era usada por soldados en la guerra. Me encargué de su coctel medicinal diario, 30 pastillas para todos sus males, una gran responsabilidad porque si le pasaba algo, a mí me iban a culpar. Odiaba el brócoli, con tan sólo escuchar la palabra se enfadaba y cuando él me hacía enojar, la repetía 50 veces en voz alta.

El colmo fue en su cumpleaños, un día antes que el mío. Federico lo visitó acompañado de su nueva novia. ¡Dios! De sentirme la señora de la casa o casi madrastra de mi ex, tuve que irme a la cocina a comer, me levantaron de la mesa para no explicarle a la gringa mi procedencia. Le rogué a mi papá que invirtiera en un departamento donde pudiera vivir en paz; a Querétaro no regresaría jamás y cuando se vendiera me dejaría la plusvalía y le devolvería lo demás; ése fue el trato. Encontré un lindo lugar no muy caro, suficiente para mantenerlo sola con mi trabajo, era actriz ocasional en episodios de telenovelas y edecán bilingüe. Cuando le notifiqué a don Genaro que mi papá me había regalado un departamento que no podía despreciar, lo odió; sin embargo, le prometí frecuentarlo y cumplí hasta que despedí su cadáver en la funeraria el día de mi cumpleaños.

Desde entonces me asusta ser víctima de la soledad de los demás. Es importante aprender a establecer límites claros desde un principio, de lo contrario te involucras en algo que después no sabes cómo terminar sin lastimar.

Antes de romper con Roberto mi dilema era luchar por él o luchar por mí. Recuperé mis agallas al recapacitar que cuando luché con él me mandó a la banca, mis jugadas le estorbaban y por eso me retiré de la cancha. Al principio sentí alivio pero después me dio un bajón cuando no me volvió a buscar, salvo cuando hubo un fuerte temblor en México y mandó un mensaje para saber si estaba bien. Imagínense que tuviéramos que cimbrar la tierra para que nos recuerden. Tuve que reintegrar los conflictos de mi mente, la realidad no coincidía con mis deseos, estaba inconforme pero no podía cambiar nada. Terminé la relación con la esperanza de que arreglara sus indecisiones y regresara, pero al darme cuenta de que lo había perdido me sentí nuevamente abandonada. Él jamás sería conmigo el hombre detallista, cariñoso y atento que conocí. Mi niña interna estaba herida, él no peleó por mí como se rindió ante Rubí cuando ella se marchó, sus vínculos eran más fuertes.

Me costaba creer que ella lo hubiera dejado, no entendía por qué hasta que la conocí. Ambas coincidimos en su perfeccionismo controlador y su personalidad esquemática que se ocupa más de la forma que del fondo. Para las mujeres modernas eso no funciona, aunque paradójicamente anhelamos aún al patriarca tradicional que nos proteja.

> Nosotras queremos sentirnos admiradas, tener libertad creativa, ser productivas, tomar decisiones propias, compartir nuestras aventuras en pareja, alguien con quien arriesgarnos, que tenga nuestro mismo nivel de energía para socializar, hacer el amor y descansar.

Rubí ya tiene quien cuide a sus gordos y la mantenga económicamente de por vida, mientras no conviva con otros hombres en casa, lo cual no la priva de tenerlos. La propuesta ideal de ella era que cada quien viviera bajo su propio techo para que el matrimonio funcionara y lo logró; la alcanzó en Miami pero tuvo que llegar a distinto refugio, donde tendrá tiempo para bajar del pedestal, reestructurar su sistema, sentirse solo, que le presenten otra amiga menos intensa con quien compartir su deseada estabilidad, y relajarse después de una ajetreada vida. Lo que le falló conmigo, que soy árbol salvaje, fue embarrar el tronco de resentimientos y permitir que mis ramas dieran frutos prematuros en el jardín de sus hijos.

Semanas después caí en el vacío, debilidad, añoranza, negación y enojo, todo lo correspondiente a un duelo. A las personas que quieres no las olvidas de la noche a la mañana, se hayan ido bien o mal, física o espiritualmente: las recuerdas constantemente porque te acostumbras a su presencia. Me costaba entender el final, analizaba el proceso, aceptaba mis errores, los convertí en culpas, justificaciones y crecimiento individual. Ya no lo necesitaba de espejo, aprendí más de mí cuando miré hacia adentro.

Quise volver a verlo para finiquitar lo construido y tornarlo en amistad pero fue incapaz, me pidió que dejara de escribirle, prefirió enfriarse y enterrar mi recuerdo.

El no haber aceptado irme a Miami para hacer la telenovela, aunque fuera por poca remuneración, significó desperdiciar la visa que tanto trabajo me había costado conseguir. En mi cabeza giró la idea de cómo hubieran sido las cosas si no lo hubiera cortado esa noche por teléfono y una semana después le hubiera llamado para preguntarle si me podía quedar en su departamento otra vez, con o sin los gordos. Le pedí asilo a mi amiga Consuelo. El trabajo era por cinco meses, ella me ofreció tres. El productor con quien siempre trabajaba en sus telenovelas me aconsejó que esperara si es que no me ofrecían mejor paga, porque él comenzaría una nueva en la que me prometía un personaje. Al final quise estar lejos de la tentación, de no arrastrarme hacia algo que me dañaba emocionalmente.

Una noche saqué de mi buró el frasco con barbitúricos al que había renunciado para conciliar el sueño; me quedé mirando todas las pastillas que restaban sobre la palma de mi mano, lloré desconsolada pero no me atreví a ingerirlas. Me reí de mí misma, había tantas cosas buenas que agradecer y por las cuales valía la pena amanecer. Imaginé por un instante que pedía permiso para entrar al más allá y no me dejaban porque las razones de mi muerte no eran lo suficientemente importantes para merecer descanso eterno. Hay sentimientos pasajeros y lo único que debemos hacer es esperar a que pase el mal momento, seguir adelante con valor, recuperar el ánimo junto a personas que nos quieren, hacer actividades productivas que nos brinden bienestar, satisfacción y placer; llorar hasta que se consuma la sal y dejar que las heridas cicatricen, permitir que la costra caiga a tiempo; si la arrancas sangras de nuevo, la marca se hace más profunda y tarda más en sanar. Estoica o mártir, tú decides.

Enojada, consideré que había perdido el tiempo pero al reflexionar encontré respuestas más útiles para capitalizar el dolor y asimilar las enseñanzas. Cometer errores es inevitable, pero al menos quiero equivocarme de manera distinta. Quince días después de que corté, Roberto y Rubí anunciaban al mundo por twitter que estaban en familia, juntos en su primera carrera de la temporada: corrió en Seabring. Nunca sabré cómo se siente estar en *pits* mientras un novio arriesga su vida y desea que su hijo le dé continuidad a lo que él no pudo lograr, ser campeón de Fórmula Uno. Espero no andar con un torero y ver cómo se hinca soberbio en el ruedo, aunque prefiero este tipo de corridas, al menos se coge al toro por los cuernos.

La vi por televisión, tardé en comprender su pasión, la carrera duró 12 horas pero no ganó. Por reglamento, cada piloto tiene permitido manejar máximo tres horas continuas. Él me explicaba lo que implica este deporte de alto rendimiento: son atletas y queman por lo menos 500 calorías en 30 minutos: hace demasiado calor dentro de la cabina, necesitan hidratarse todo el tiempo; la mayor tensión se acumula en el cuello al hacer el contrapeso en las curvas. Son ídolos de los aficionados a la velocidad que disfrutan escuchar los motores en el arranque, ver los rebases y emocionarse con los accidentes mientras no haya heridos; además, no está al alcance de cualquiera para competir a nivel mundial. Roberto se sentía un dios con su nomex, cargado de adrenalina en su organismo y rodeado de personalidades que llegan a perder su capacidad de asombro; repletos de trofeos en una bodega, pero solos al llegar a casa. Sus hijos llenaron sus pulmones mientras él vaciaba los míos.

Cuando estaba en la etapa de olvidar la rapidez e intensidad de mi romance con Roberto, al terminar el programa de Elena escuchaba una canción de Tomy Torres que cantan Jessy y Joy: "¡Corre, corre, corre corazón, de los dos tú siempre fuiste el más veloz! Toma todo lo que quieras pero vete ya que mis lágrimas jamás te voy a dar…"

Me contenía para no ser una chillona al volante. Si era feliz antes de conocer al piloto de carreras, no tenía por qué no serlo después. En el proceso de regresar a mi soltería sin sentirme sola fue vital el apoyo de mis padres, hermanos y amigas cercanas, se los agradezco en el alma. Jaime, mi ex, fue incondicional. Me ayudó a ver que había creado un espejismo donde no había oasis. Él es judío pero me llevó a un concierto en el que todos elevaban sus manos y cerraban los ojos poseídos por canciones de amor, perdón y sacrificio. Asistí a dos sesiones más con mi terapeuta Cindy. Completé dos cuadernos escritos de la *Bitácora de sentimientos*. Me inscribí a clases de yoga, hice un viaje a la playa, seguí una dieta para fortalecer los músculos, pero mi mayor salvación fue mantenerme ocupada en lo que más me produce bienestar, satisfacción y placer: entregarme al público.

Me aferré a mi obra, se extendió la temporada, creció mi equipo y me presenté en un teatro más grande.

Las personas neuróticas desarrollamos apegos y convertimos nuestras relaciones de pareja en tormento. Lo peor viene cuando nos obstinamos en retener al otro o rechazamos prospectos de pareja más saludables como mecanismo de defensa. Pero tiene cura. En mi caso, cuando identifico síntomas depresivos, recuerdo la nefasta estancia que padecí en el hospital y me recargo de valor para no tocar fondo por necia. Aprendí que debo hablar menos y escuchar más, ser valiente, quitarme la armadura, tomar riesgos e ignorar opiniones de quienes piensan en el fracaso y vagan por el mundo mendigando cariño o dinero. Hay quienes dependen de un empleo o pretenden que llegue la pareja de sus sueños pero, ¿qué tal si esto no sucede? Hay que estar preparado por si llega o no, sin que esto merme tu realización personal.

Cuando decidí montar mi primera puesta en escena pocas personas creyeron que lo lograría; después se me acercaron muchas de ellas para pedirme trabajo. Lo mismo sucede cuando generas tu propio amor, las personas se aproximan a ti porque tienes lo que necesitan. Es mejor darse el lujo de elegir a tus colaboradores, amistades y parejas, o estar solo cuando ni tú mismo domines tus caprichos. Cuesta caro ser jefe, adquieres mayores responsabilidades, la exigencia está sobre tu desempeño para alcanzar los resultados propuestos. También es cómodo recibir órdenes, pero el costo de cumplirlas es un rebaño de ovejas: si desobedeces te quedas sin rumbo.

¿Será que las personas le tenemos mucho miedo al amor o mucho amor al miedo? Es difícil entender que nosotros fragmentamos el tiempo, el pasado es el presente que nos acompaña hacia el futuro. Los hombres olvidan sus promesas, mientras las mujeres las recuerdan eternamente.

> Las mujeres hacemos el amor con el amor porque nos sentimos enamoradas. Como dice un poema de T. S. Elliot: "Espera sin expectativas, pues tenerlas supondría esperar erradamente; espera sin amor, pues sería amor a cosa equivocada; hay todavía fe, pero la fe, el amor y la esperanza consisten en esperar."

Día de terapia, la cita el miércoles a las 10 a.m. Salí con una hora de anticipación hacia casa de Cindy. En el camino sintonicé a Elena, quien siempre me ayuda y no me cuesta escucharla:

> ¿Eres supersoltera? No me refiero a tu estado civil, sino a tus poderes femeninos. Supersoltera es la heroína que ha logrado sobrevivir, sola, en un mundo dominado por machos. Defensora de su género y en busca de la igualdad, rasgos que le complican la tarea de encontrar pareja. Se involucra en relaciones que terminan siendo un obstáculo porque siempre la intentan controlar, aunque no por ello le falta compañía. Su *kryptonita* son los patanes, su

fortaleza el amor que puede dar. Si algún día necesitas vengar tu corazón, puedes llamarme al 55 85 22 24 para que con mi álter ego Single Pop resolvamos el asunto con una malévola solución.

Sí, soy supersoltera, no sé si heroína pero tampoco quedada. Hoy más que nunca quisiera llamarle a Elena, contarle en resumen mi historia, y no estaría mal escarmentar a Roberto con alguna travesura provechosa, muajaja.

Single Pop tiene superpoderes psíquicos, sensuales y justicieros para quienes hieren el alma de las mortales. Vive en el pedestal de la conciencia humana, donde es intocable, ésa es otra razón por la que está sola, pero cuando vibran las armas de su liguero en señal de auxilio, ella baja a la inmundicia y se apodera del deseo de los narcisos, patanes y engreídos, que excitados usaron sus encantos para devorarse a una mujer que cerró los ojos y abrió las piernas creyendo en el amor. Es Afrodita y Némesis juntas, tomando venganza de quienes engañan por lujuria y lastiman por soberbia. Single Pop emancipa a la ninfa Eco, quien desde lejos canta desventuras amorosas. Al levantar del suelo a quienes se victimizan, equilibra su autoestima.

¡Si los griegos escucharan a Elena, seguro volvía a arder Troya!

Tiene una inteligencia castigadora pero también complaciente para quienes necesiten redimir culpas o autosatisfacer sus placeres. Siempre carga armas en la batalla: esposas, condones, vibradores y el chocolatito *antifornication multiorgasm*. Esta barrita es dulce, no engorda ni empalaga, tampoco te amarga y funciona en todas las mujeres; basta una mordida para saciar el placer, libera un exceso de endorfinas que provocan 30 orgasmos por segundo, sin riesgo de quedar embarazada, ni sentir el abandono poscoito. El efecto en los patanes es castrante y ultrajador, a lo que llaman *junior*, como si fuera un ente aparte, aguijón, colgante o trompa de elefante, se reduce al tamaño de un lunar con agujerito para mear, hechizo reversible hasta que se enamoren de verdad. Mi reto está en buscar la ocasión ideal para darles una lección y probadita. La reacción en hombres caballerosos puede ser simple como deleite al paladar, pero si lo requiere le causa *anchitolinadhoc*; es decir, el tamaño se adecua al de su pareja por un tiempo considerable para no tener eyaculación precoz.

Siempre he creído que estoy loca, pero ese día el inconsciente de Elena hizo palidecer mi locura con su proyección.

Single Pop concede a sus protegidas un velo fiusha, símbolo de fortaleza y valentía para que rompan sus esquemas, el cual les brindará autonomía, lucidez y protección. Las esposas lo usan para atormentar patanes masoquistas, también representan la culpa que nos impide volar, por eso siempre carga la llave de la libertad, para desatar la imaginación reprimida de los mortales y poner a prueba su moralidad. Es casi tan cruel como la verdad.

Hasta miedo me dio llegar a mi terapia después de escuchar todo esto.

Single Pop está harta de los misóginos que nos ponen piedras en el camino por su miserable *self esteem* y su educación machista. Convoca a todas las mujeres a unirse y dejar a un lado las envidias para recuperar nuestro liderazgo. Es fundadora de la carrera en Administración de Culo para que dejemos de victimizarnos, si de todas maneras lo gastamos por lo menos invertirlo donde rinda. La primera enseñanza es que elijamos a los hombres de acuerdo con el siguiente criterio: el que nos gusta, el que nos conviene y el que debe ser. El primero es para divertirse, no hay futuro con él, disfrútenlo mientras les dure porque los más interesantes tienen demasiadas cosas que atender. Su físico, simpatía, éxito, inteligencia o *glamour* nos hacen suspirar pero déjenlos volar; no permitan que les pongan alas, lo más seguro es que no aterricen con ustedes. Mi única advertencia ante estos incitantes hombres es que al bajar de la montaña rusa, suban a un columpio o a un carrusel para amortizar el ímpetu hacia el exceso de placer.

Me quedé pensando, ¿en cuál clasificación encajaba Roberto?

> El que nos conviene: el intercambio de placeres tiene que ser inteligentemente simétrico, de lo contrario es pérdida de tiempo. ¿Qué necesidad de aguantar a un calvo, panzón y de mal aliento a cambio de nada? Lo que no se consigue con sexo se logra con inteligencia. Los hombres cogen, pero las mujeres ¡es-cogemos! Las relaciones humanas se construyen por intereses y estos pueden ser de muchos tipos: económicos, sociales, culturales. Cuando alguien deserta de una relación es porque se acabó el encanto, se agotaron los beneficios que obtenía inicialmente, las diferencias son más que las retribuciones; su delicadeza no resiste tanto roce y, como el terciopelo, fácil se desgasta.

Me gustaba, me convenía y creí que podía ser…

> Lo anterior no es malo, sino la consecuencia normal de entablar lazos prácticos. En este escenario el físico, la edad, el estado civil y la religión pasan a segundo plano; en la trama se complementan las carencias de cada individuo y si se sabe entablar un modelo de relación donde cada quien respete la privacidad del otro para llenar lo que se busca y que en la cotidianidad no se encuentra, entonces perdura el agrado. Debe haber conciencia y equidad entre lo que cada quien recibe para que nadie salga timado. Si el negocio se desbalancea, el contrato se acaba.

Pensándolo bien, me gustó, dejó de convenirme y quería que fuera…

> El que debe ser puede ser el padre de tus hijos, de quien no debes aceptar favores sino portarte muy bien. Son pocas las mujeres que se sacan la lotería consiguiendo a los tres en uno.

Los hombres también juegan con la que les gusta; pervierten a la que les conviene y alaban a la que debe perpetuar sus genes. Esta última es elegida generalmente por influencia de sus padres.

Y tengan bondad de los pretendientes, aquellos que sin ser *psychos* sacrificarían lo que fuera por agradarnos. Otros serán excelentes acompañantes, consejeros y compadres. Antes de irnos con más música, ¿saben cuánto tiempo deben dedicarle a un hombre? El que les sobre de vida. Mujer que no tiene una actividad profesional hoy en día y sólo se dedica a ser mamá, está jodida porque aunque su esposo sea el proveedor de todo se aburrirá de ella porque hay más oferta que demanda de mujeres traviesas con quienes distraerse en el mercado para contrarrestar la monotonía del hogar.

Lo único en lo que nos parecemos Elena y yo es que a las dos nos fascina adueñarnos del micrófono, ella le habla y yo le canto.

Recién leí que algunas mujeres nos estamos convirtiendo en los hombres con los que nos hubiera gustado casarnos o en aquellos a los que odiamos, y entonces mandamos la señal equivocada:

—¡No te necesito!

Y luego nos cuestionamos:

—¿Por qué estoy sola?

Una relación sentimental difícilmente sobrevive a dos fuerzas masculinas, hasta en las parejas *gay,* hay uno que es fuerza femenina. Sólo seremos iguales cuando dejemos de darle tanto valor al pene y a la vagina, como angelitos. Mientras tanto, la guerra de sexos y acusaciones continuará.

Pasé por un frapuchino para enfriarme la cabeza y estar despierta en mi siguiente aleccionamiento. Cindy me esperaba en el consultorio con veladoras, música *new age* e incienso. Me dio un bote repleto con muñecos de plástico y me pidió que los colocara sobre la mesa como quisiera, cada uno representaría un hombre que hubiera signado mi vida. Menos mal que había bastantes monigotes y logré coreografiar para descifrar la maraña mental de complejos encadenados desde que era adolescente. Me pidió que le tomara una foto con mi celular porque en futuras sesiones trabajaríamos en desbloquearlos; eso quería decir que estaría bajo su custodia durante varios meses. Con las puras figuritas asimilé lo que acarreaba y sin notificarle a Cindy, aproveché esa jornada para darme de alta.

—Quiero que me cuentes de los momentos oscuros que recuerdas de tus padres.

—Mi mamá siempre me advierte que le baje al voltaje o me voy a quedar sola. Ahora entiendo a qué se refiere. También me presiona: "Consíguete a un muchachito que te haga feliz." Pero yo ya soy feliz, más bien quiero a uno que no me haga infeliz. Si no da, por lo menos que no quite.

¿Sería que Cindy goza del delirio encriptado en la aparente salud de sus pacientes?

—¿Cómo era tu papá con ella cuando eras adolescente?

—Un ojete —respondí sin pensar.

—¿Por qué dices que era un ojete?

Exhalé profundo pues venía una larga respuesta.

—A mi mamá le gustaba jugar cartas una vez a la semana con sus amigas, era su única distracción después de servir como ama de casa. Ella es de las mujeres hogareñas que sin más alternativas se esclavizó a trabajos dignos pero ingratos, por no haber exigido lo que le correspondía. Educada a la antigua con falsa humildad y reprobable sumisión. Huérfana de padre a los 12 años, aprendió a valerse por ella misma, se casó joven, tuvo tres hijos con un marido que la limitaba y la dejó desamparada y en la calle. Comenzó por quitarle las llaves de la casa: hasta la muchacha que la ayudaba con el aseo tenía duplicado, pero si ella salía tenía que tocar el timbre al regresar. Una noche llegó 15 minutos más tarde de lo acordado, bajé corriendo en pijama para abrirle pero mi papá se interpuso en mi camino y me prohibió hacerlo. Tenía ganas de atravesarlo, sentí una gran impotencia porque era capaz de mandarme con ella al otro lado de la puerta. Desde entonces me juré que sería autosuficiente; si no dependía de mi propio padre, mucho menos de otro pelafustán que me mande al diablo por sus huevos —me desahogué.

—¡Qué insensibilidad! Vivimos en una sociedad machista pero nosotras se los permitimos a los hombres al no atrevernos a levantar la voz y exigir nuestros derechos.

—Después regresaron por "el bien de mi hermano" que vivía con ellos antes de casarse. Sentí rabia cuando mi mamá me pidió que la cuidara cuando se aumentara las bubis y se quitara las bolsitas de los ojos con cirugía; después de morir mi abuelita quería renacer en su propia piel. Confió en mí, me pidió que no dijera nada aunque después lo notaran, le daba pena. Fui a Querétaro y cuando la llevé del hospital a la casa, recibí el peor reclamo de mi padre por haberle arruinado sus planes al no avisarle, pues justo ese fin de semana planeaba correr de la casa a mi madre. Sólo esa vez sentí un gran odio hacia él, tenía ganas de golpearlo por su egoísmo insensible, y me partía el alma ver cómo se le salían las lágrimas a ella bajo las vendas que cubrían sus ojos recién operados. Parecía castigo por haberse atrevido a romper sus esquemas.

—Lo que debes pensar ahora es en no repetir los errores que cometió ella; es decir, recárgate de su fortaleza, que por lo visto venía de tu abuela; pero no te doblegues ante hombres que aparentemente quieran protegerte o pretendas salvarlos inconscientemente para reivindicar culpas que no te pertenecen —me aconsejaba Cindy, consternada al imaginar la terrible escena.

—Cuando le pedía dinero a mi papá para comprarme un rímel, decía que no tenía pero una semana después le regalaba un auto convertible a mi hermano; como si los coches representaran estatus, me parecía puro bluf. Este tipo de preferencias desmedidas por género y gusto fueron el comienzo de su decadencia y mi independencia; aprendí que pedir dinero era pedir permiso, entonces trabajé desde la adolescencia para poder hacer lo que quisiera. En cambio mi hermano se gastó el patrimonio familiar en deudas, mi papá era su aval y lo dejó en la quiebra. Vendí el departamento en el que mi papá había invertido cuando heroicamente me rescató de don Genaro y se cumplió el acuerdo; me dejé la plusvalía porque yo le daba mantenimiento y él recuperó el valor de la propiedad, la que perdió para rescatar a mi hermano, a quien habían secuestrado por deudas.

—¡Válgame Dios! La figura masculina en tu familia está muy deteriorada. Ahora entiendo tu predilección hacia nuevos modelos paternales, aunque todavía no te liberas por completo de los viejos —Cindy sacaba conclusiones.

—El problema principal entre mis padres fue que no tenían buena comunicación. Así fue hasta que la miseria les enseñó a escuchar cuando sus hijos clamamos conciencia y se manifestaron las secuelas de sus peleas: una soltera y dos divorciados. Recuerdo un viaje en autobús rumbo a un retiro espiritual a Guadalajara; un señor invidente, quien me inculcó el respeto por las personas longevas, me aconsejó rentarles la película *La guerra de los Roses*, para que comprendieran a dónde podrían llegar si no dejaban de agredirse.

—La conozco, salió a finales de los ochenta, con los actores Michael Douglas y Danny de Vito. Es una historia que deberían ver todas las parejas en proceso de divorcio con hijos para medir las consecuencias —agregó Cindy.

—Me duele juzgarlos porque los amo. Platicar con ellos sobre su pasado me ha hecho comprenderlos y aceptarlos. Yo todavía no sé lo que es ser madre, pero como hija intento no angustiarlos con más problemas; por eso los reprimo y no me atrevo a expresar mis necesidades. Me cuesta trabajo pedir ayuda, como si no la mereciera. He aprendido a levantarme sola, recibí ese ejemplo.

—Cuando te escucho parece que tuvieras una visión 3D de ti misma, eres articulada para analizar situaciones complejas. De igual manera acepta que mereces lo bueno que tienes, te lo has ganado y no eres menos digna si aceptas que te ayuden. A la próxima que necesites algo, pídelo.

Con ese propósito me fui ese día, además de todo lo que hablamos sobre mi familia y el único novio que me ha durado tres años, Julián: sin pedírselo, me ofreció de buena gana pagarme mis estudios en producción de cine en una universidad de Los Ángeles, California. Apostó sus recursos en mí, más allá de sus posibilidades financieras, para cultivar mi pasión por el arte; era un descubridor de talentos, productor discográfico y promotor de conciertos, sobreviviente de la dictadura militar en Argentina. Siempre lo consideré un personaje auténtico, divertido, bondadoso, creativo y bohemio. Lo conocí cuando tenía 23 años y él 48, su actitud era la de Peter Pan en cuerpo de señor rockero: uñas pintadas de negro, cabello platinado, tatuajes en el brazo, aretes y pulseras. La primera vez que me invitó a su casa para platicar del proyecto musical que quería desarrollar junto con el guión de una película, me plantó un beso, me dijo que él no andaba con sus artistas, así que eligiera lo que prefería con él. Me puso en una disyuntiva, yo quería que me ayudara como artista, pero me enamoré de él, no sabía estar sola aunque sobrevivía en soledad. Con Julián era fácil la convivencia, compartíamos todo, amanecía llena de alegría.

Estuve tres meses en Los Ángeles, él me visitaba todos los fines de semana. Un día, mientras pagaba la cuenta en una zapatería, yo le soplaba el cuello, por la nuca. Un anciano formado en la fila de la caja, codiciaba mis caricias:

—*Is he your daddy?* —preguntó chismoso.

—*No, he is my boyfriend* —afirmé orgullosa.

—*Oh! You are a lucky guy* —exclamó maravillado el anciano.

Es común que las tías atosiguen: "¿Para cuándo te nos casas, chula?", pero el día que presenté a Julián como mi novio formal en la boda de mi hermano no dejaron de censurar. La más severa fue mi adorable abuela, que en paz descanse:

—¡Dios te libre de esa cosa de novio que tienes!

—¿Por qué abuelita?

—¡Imagínate! La carriola de un lado y la silla de ruedas del otro —me impactó tanto la imagen, que terminé por dejar a Julián con todo mi amor.

Él escuchó las dudas que me llevaban a pensar que no podía seguir. Sentía que mi pierna derecha daba un paso hacia adelante y la izquierda hacia atrás. No quería convertirme en sus siguientes siete años, ésa era la temporalidad que le duraban sus parejas; yo estaba en una etapa fructífera de mi vida, él ya había hecho con la suya castillos de arena. Vivíamos en unión libre ante la hipocresía social, nunca tramitó su divorcio por desidia; le devolví el único anillo de compromiso que él ha dado y yo he recibido en la vida, y sin rencor me convertí en soltera otra vez. No tuve que darle explicaciones a nadie porque a las divorciadas todavía las discriminan.

Al llegar la mudanza por mis cosas ya empacadas, me dijo:

—¿Qué estás haciendo mascarita?

Sentados sobre el suelo llorábamos y a pesar de su desconcierto, aceptó mi libertad. Me dejó abierta la puerta por si quería regresar, era condescendiente conmigo; jamás me presionó a nada, realmente me amaba, pero la diferencia de edad era demasiada.

Cindy me preguntó cuál de los muñecos de plástico representaba a Julián. Le señalé la posición que ocupaba sobre la mesa, al comienzo de una cadena de transferencias que con Roberto se rompió. El lugar de mi papá estaba atrás de ellos y la muñequita que era yo pudo abrazarlo al derrumbarse la muralla que nos separaba.

—Ahora que has distinguido lo que no debes, definamos cuáles serán tus filtros de selectividad para que a la próxima hagas mejores *castings* de pareja.

—¡Ya sé cuál es el primer filtro! —exclamé exaltada.

—¡Qué bueno! Me lo dices en la siguiente sesión porque ya se nos acabó el tiempo. Nos vemos en una semana, ¿te queda bien a la misma hora? —chequé la agenda de mi celular y anoté la cita, a sabiendas de que no volvería. Aun la cura causa dependencia, prefiero locura y libertad.

—*Okay* —le di dos billetes y me fui agradecida por las consultas. Ir a psicoterapia es como engancharte con tu serie favorita, después de una hora se termina en el clímax.

DIABLURAS
DEL CORAZÓN

Llamé a mi padre para contarle algunas conclusiones de la psicoterapia y decirle que lo amaba. Él me escuchó conmovido. No es muy expresivo pero me dijo que él también me ama, y que siempre que lo he necesitado ha estado allí, pero que los hijos son como los dedos de la mano, distintos. Me dijo que yo era muy independiente a diferencia de mis hermanos demandantes. También le conté una travesura que había hecho para atreverme a pedir lo que necesito, en especial las cosas materiales que desde chica sentí que generaban conflicto. Para no ocasionar más problemas de los que había en mi familia, me reprimía y optaba por solucionarme la vida sola; sentía que había preferencia hacia mis hermanos pero era yo quien queriendo hacer pipí, se aguantaba las ganas para no molestar a los mayores con ir al baño, y terminaba meándome encima.

Desde pequeña me he desahogado a través del arte. Libera mis demonios y los convierte en libre expresión, actividad productiva para recrear emociones, cuidar el cuerpo, enriquecer la mente y fortalecer el espíritu. El arte es alimento vital para el alma de seres intensos que para entender el mundo y su existencia necesitan llamar la atención al proyectar en obras su distorsionada imaginación. Hay otras vías que también son humanas y simples como decir: "Me ayudas por favor, necesito que me cuiden."

Roberto me admiraba por luchona, pero no me apoyaba como a la chichona que no hacía nada más que verse en el espejo. Una mañana en Boston, mientras le preparaba el desayuno me dijo: "Te voy a contratar aunque no haya palito." Qué bobo, me tenía gratis y el palito iba incluido, pero como buen dictador su concepción de servidumbre era mejor remunerada que el amor incondicional. Recordé también cuando mi papá me decía: "No estudies, mija, aquí no te va a hacer falta nada." Lo que eso significó para mí fue: "Quédate a servirme y yo te doy lo básico porque estoy solo, tus hermanos ya no viven en casa." Cuando él hizo que mi mamá se fuera a vivir a otro lugar, yo tuve que firmar un documento en el que manifestaba mi consentimiento acerca de esa situación con el propósito de que no la fuera a demandar por abandono de hogar, clásica paranoia como mecanismo de defensa. En ese entonces, yo iba a comprar todos los días la comida al supermercado; cocinaba, le servía porque él solamente podía hacerse un licuado de chocolate con huevos y plátano todas las mañanas. Parecía la esposa de mi papá, hacía lo que mi madre cuando estaban juntos, excepto dormir con él porque hubiera sido incesto, pero entendí que casarse era servir y abandonar. Para mi personalidad rebelde lo anterior es degradante cuando se vuelve obligación sin gratitud. Ésa puede ser la causa de mi rechazo hacia el matrimonio. Lo percibí así pero ahora entiendo que el compromiso también puede ser positivo, la unión de voluntades hacia una misma dirección, admiración y apoyo mutuo en pareja. Sin embargo, eso de creer que es para toda la vida aún me cuesta asimilarlo.

Seguí pensando en mi imposibilidad de expresar mis necesidades materiales y afectivas sin miedo a que me las nieguen aunque por derecho las merezca. Creía que todo me lo tenía que ganar, así me educaron: "Si no sacas buenas calificaciones no hay premio." Por eso me da pena pedir y soy capaz de procurarme lo que quiero sin "rebajarme" ante nadie. Después de escuchar a Single Pop, malévolo álter ego de Elena, y de analizar el *modus operandi* de Rubí que consigue lo que se propone, saqué mi némesis y ejercí el poder de mis nuevas maestras. Mi mamá "por amor" se puso de tapete para que su ex marido le pasara encima y su ejemplo se quedó programado en mi inconsciente; condición a la que me rehúso con radicalismo y, sin embargo, he repetido a mi pesar.

¿Cuál fue mi travesura, por no llamarla venganza productiva? Lo primero que se me ocurrió fue redimir la culpa de Roberto por haberme creado expectativas que no pudo cumplir y saber el dolor que eso me había provocado. Él mencionaba que le chocaba que Rubí le pidiera dinero pero siempre se lo daba y entonces intenté lo mismo. Ella dijo que la renta mensual del *penthouse* donde vivía era de siete mil dólares. Mi reto sería pedirle una cantidad representativa dentro de sus posibilidades por todo aquello que me prometió sentimentalmente y no cumplió; además de compararme con su ex al restringir detalles materiales que él ofrecía sin que yo se los pidiera, decía que no quería mal acostumbrarme como a ella. También por el tiempo perdido y la estafa emocional al encariñarme con sus hijos en vano.

Lo importante era la forma de pedir, lo peor ya había pasado; tenía roto el corazón cuando terminé la relación y mis sospechas de que él iría detrás de quien ya no lo amaba se cumplieron; ni siquiera hizo el intento de volver conmigo, se esfumó. Él estaba en desventaja, se había disculpado por lastimar mis sentimientos, me dijo que yo le había dado más de lo que cualquier otra mujer le hubiera dado. Al final, cambiaron sus intereses, pasó de escribirme "Te amo" a "Te estimo". Aprendí que las mujeres más comodinas normalmente son las que más beneficios reciben porque son expertas en solicitar y saben recibir; logran el artificio de la inferioridad ante sus víctimas, tienen alta autoestima y estarán protegidas mientras sean jóvenes, bellas e inteligentes, pero nunca serán autosuficientes, dependerán del humor de sus proveedores. Lo intenté, dejé a *wonder woman* en el clóset y me atreví a pedirle a Roberto 10 mil dólares para saldar la producción de mi disco. Al día siguiente realizó la transferencia a la cuenta del estudio musical al que yo debía ese dinero y de paso pagó de forma voluntaria una deuda moral sin necesidad de ir a juicio. Seguramente se molestó, pero parte de mi intención era ésa, reclamar con los últimos recursos que tenía sobre él y aprovechar la ocasión para un bien profesional que él admiraba, porque a nivel emocional ya no tenía remedio. Me cobré de una manera banal pero más útil que las lágrimas y la falsa humildad de resignarse con dolor a una digna pérdida. Y aunque dijo haberlo hecho con gusto, calmó con dinero cualquier resquicio de remordimiento, lo hice sentir más héroe que verdugo. Así fue como llevé a la práctica una lección más del complicado juego de las relaciones humanas. Tampoco me sentí mejor persona después de esto, pero sirvió para demostrarme que, aunque sea capaz de procurarme lo que requiero con demasiado esfuerzo, el amor no está peleado con el dinero; cada quien tiene lo que cree que merece, hay que aprender a recibir con orgullo y gratitud. De niña prefería hacerme pipí en los calzones que dar molestias a los demás para que me llevaran al baño. Así aprendí a procurarme mis necesidades, en vez de tener humildad y atreverme a pedir ayuda con naturalidad y sin avergonzarme por ello; sabiendo que quienes lo hagan será porque me quieren y yo haría lo mismo por ellos, pero nadie está obligado a hacerlo. Así fue como este ejercicio que nació de un sentimiento negativo pudo ser transformado en una verdadera enseñanza. Lo más inesperado fue la opinión de mi papá respecto a esta diablura:

—¿Diez mil dólares? —creí que me iba a regañar.

—Sí —le respondí con picardía.

—¿Por cinco meses que duraron? —preguntó intrigado.

—Ajá —comencé a sentirme culpable.

—Me parece poco —concluyó reconfortándome: él sentía mi agonía y no entendí si se refirió al poco tiempo de la relación o a que resultó barata la penalización.

Me parece que el precio de la dependencia emocional y económica es sacrificar ciertos caprichos y estar sujeto a la voluntad de otro. El riesgo de la conformidad es acostumbrarse a la comodidad sin esfuerzo; y si se llega a perder este privilegio es una desgracia para quien se le atrofió la capacidad de sobrevivencia o la autoconfianza para ganarse la vida desde cero.

He escuchado a muchas divorciadas de hombres que no son exitosos profesionalmente, quejarse de no recibir la pensión necesaria para el tipo de vida que estaban acostumbradas en casa de sus papás antes de casarse, pero tampoco se prepararon para hacer algo más que cambiar pañales. Esta situación les amarga la vida porque en el caso de que sus padres no estén en posibilidades de cooperar, ellas tienen que encargarse solas de solventar los gastos de su hogar. El sacrificio de las madres solteras es cruel: consiguen trabajos absorbentes que las ausentan de casa para darle alimento, techo y educación a sus hijos; los tienen que dejar al cuidado de empleadas domésticas, familiares o amistades pero nadie más que ella y el padre tienen la obligación de hacerse responsables como puedan. Su vanidad se ve afectada porque los ingresos no rinden para el costo que exige la belleza en la modernidad; y si invierten en su imagen pueden conseguir un novio que les ayude a salir adelante, aunque el romanticismo quede en segundo plano.

Por otro lado, pobres de los hombres que son desafortunados en el trabajo, su situación afecta sus relaciones sentimentales cuando quieren comprometerse. Los he escuchado afirmar que quieren amor en su vida, una pareja a quien serle fiel…

No todos buscan sólo un instante de placer. Creo que hay un desfase entre las expectativas de ellas respecto a la realidad de ellos; o las mujeres autosuficientes no se conforman con hacerse cargo de quien, culturalmente, se supone que debe ser el proveedor de la pareja. Pongámonos de acuerdo: queremos equidad de género pero ventaja en privilegios, eso no es posible. Si ser ama de casa fuera una profesión, según el grado de eficiencia y calidad del trabajo debería ser la paga, lo cual sería pragmático pero incongruente con los ideales sentimentales o morales de nuestra idiosincrasia.

¿Cuáles serían los filtros inquisitivos que un juez o sacerdote deberían aplicar a dos sujetos que quieran contraer nupcias? Si partimos del amor como ley universal está bien; el problema es la visión distorsionada que adquirimos del mismo. Es como la felicidad, se acaba, transmuta, va y viene como las olas del mar, se fosiliza y deteriora como las rocas. El asunto de los análisis clínicos dos semanas antes de la boda es un albur; si la pareja sostiene una larga relación, se llevan bien, pero con los resultados descubren que su tipo de sangre no es compatible. Entonces deberán ir al médico para prevenir, por ejemplo, problemas con su descendencia o complicaciones durante el embarazo, tanto para el feto como para la madre. Existe un problema cuando la mujer es RH- y el progenitor RH+, condición genética que determina la presencia o ausencia de aglutinógeno, sustancia proteica de los glóbulos rojos; sin embargo, con una inyección de inmunoglobulina puede tratarse. Así de científico es el conocimiento que debe tenerse para formar una familia. Las consecuencias de ignorar la incompatibilidad sanguínea pueden producir, entre otras cosas, reacciones inmunológicas que pueden detonar anemia, falla renal, *shock* o muerte.

¿Será que la atracción física depende de sustancias ajenas a la comunión espiritual, o a sustancias ligadas directamente a que tu sangre sea compatible con la del otro? ¿Ese aspecto impacta en la química sexual?

¿Qué pasa si el amor es auténtico, pero alguno de los dos contrajo, sin saber, una enfermedad de transmisión sexual? Si no usan condón porque el código de fidelidad con su pareja es impecable, descubrirán en esos análisis que ambos están enfermos. Peor si no pensaron en casarse, pero en un descuido ella queda embarazada y contagia a su bebé por ignorancia. En el caso del VIH la situación se agrava por tres factores: *1.* Los retrovirales son muy caros. *2.* No hay certezas en cuanto a prevenir el contagio al momento del parto. *3.* Se conciben niños destinados a una orfandad prematura.

Total, cuando se rompe el orden cósmico, la vida se vuelve tan trágica como una obra de la mitología griega, y aunque se cree que ya vino el Mesías o se siga esperándolo, vivimos una época de caos moral y cada quien paga las consecuencias de sus actos. Causa y efecto es el dios de la modernidad, nadie más nos castiga, es nuestra falta de conciencia el búmeran que nos golpea.

> Hay hechos que son inevitables e irremediables de los cuales somos estudiantes: unos aprenden, mientras otros reprueban una y otra vez. Conocernos es el camino hacia la plenitud, el único destino a través del tiempo que denominamos vida.

Y después de este viaje introspectivo regreso a lo que aprendí de mi veloz noviazgo, además de que la soltería duele cuando aún estás enamorado de quien ya no está a tu lado. Nadie más puede darme la paz que necesito para convivir conmigo, yo soy la soledad. Si la integro a mí jamás me pelearé con el vacío, porque soy yo quien me habita y no la soledad que llega a entristecerme. No es un lugar ni un sentimiento: es el estado natural del ser humano que interactúa cotidianamente con otras soledades.

Sólo me faltaba definir los filtros de selectividad de los que hablaba Cindy; los escribí en la *Bitácora de sentimientos* y le quedaban pocas páginas a ese diario:

1. Hombres libres de otros compromisos para que la pareja sea prioridad. Con hijos pequeños y en proceso de divorcio NO.
2. Hombres que vivan en la misma ciudad que yo, para que la convivencia sea frecuente y congruente con una relación sentimental realista.
3. Hombres en los que no busque protección paternal o quiera rescatarlos de sus problemas, como redentora.
4. Hombres respetuosos de mi libertad y pacientes para conocerlos más antes de tener relaciones sexuales.

Estos cuatro requisitos podrían parecer una sentencia a quedarme sin pareja, pero me ayudarán, en lo personal, a valorarme más y proteger mi corazón. La edad sí importa, aunque cada quien le dé prioridad a ciertos valores para decidir si vale la pena traspasar esa barrera. Yo no quisiera repetir relaciones con hombres mayores, aunque tampoco me imagino con alguien más joven que yo y los de mi edad ya se casaron o le temen al compromiso porque están muy ocupados trabajando; otros siguen en el desmadre.

Mi soltería es una ventaja cuando la compañía es consecuencia de sentirme bien conmigo misma y no por necesidad de sentirme querida. Si me vuelvo a involucrar con alguien será con más precaución. Hablaré menos y escucharé más; evitaré que me ganen los celos, sabré pedir lo que necesito sin reprimirme y recibiré sin pena lo que merezco. Además de los filtros anteriores, hay cuatro requisitos indispensables: que nos gustemos físicamente, que sea saludable y trabajador y, sobre todas las cosas, capaz de amar. Otras cualidades básicas: inteligencia, educación, tolerancia, confianza y buen humor; celosos no. Las personas nos volvemos más exigentes con el paso de los años, pedimos lo que equitativamente podemos dar para mantener el balance.

Cada quien debe encontrar sus propios filtros de selectividad de acuerdo con su experiencia y necesidades; así como identificar las estructuras mentales que repiten en sus relaciones, por las cuales posiblemente se han estancado en su desarrollo personal.

En el libro de Jorge Bucay, *Amarse con los ojos abiertos,* que me recomendó Cindy, leí que las parejas se separan generalmente por la misma causa por la que se unieron, ¿será? De Roberto me separaron sus ansias de reunificar a la familia; eso querría decir que nos unió su depresión porque se había desintegrado, la misma causa pero a la inversa; como quienes se casan por interés económico y en banca rota se divorcian; quienes por calentura se unen y la infidelidad los separa; quienes por amor se atan, con odio se matan; la vida te conecta pero la muerte te desata. Puede ser, no hay aval para que perdure lo que a primera vista parece ideal.

Mi vida continuó, el mundo no se detiene por la ausencia de una persona. Tenía que seguir promoviendo mi temporada, la obra que daba a conocerme como autora y actriz, en la que interpretaba mis propias canciones. La agencia que maneja mis relaciones públicas había organizado un *tour* de medios y éste incluía ir al programa de Elena Torres, quien me entrevistó. De verdad no podía creerlo, la había escuchado a diario por mucho tiempo y logró influir mis decisiones afectivas con sus conceptos sobre libertad en soltería y libertad en pareja, autosuficiencia económica y emocional. Y no sólo eso, he llorado con las historia personales que comparte al público, me abrió los ojos hacia las relaciones desgastantes que elegimos por miedo a la soledad, en fin, las complicaciones de tener un amor a distancia. Por primera vez escuché en radio *Soltera pero no sola*, mi tema fondeaba la entrevista:

—Tenemos en cabina a Mariana Gálvez, una mujer con la que no puedo estar más de acuerdo con su obra, quien viene a invitarnos al teatro y nos habla de mujer a mujer para que escuchen los hombres, bienvenida.

—Muchas gracias, Elena, soy tu fan y quiero agradecerte la oportunidad que me brindas de estar en tu programa, que por cierto siempre escucho.

—Tu obra se llama *Soltera pero no sola* y en la vida real sabemos por ahí que tienes novio, cuéntanos de tu relación con el piloto de carreras Roberto Quintana —disimulé la tristeza que me provocó su pregunta.

—Ya no ando con él, como toda buena canción, mi amor con Roberto se terminó y regresé a la soltería para ser congruente con mi obra.

—¿Por qué se terminó?

—Por la distancia, los dos estamos muy ocupados y era muy difícil vernos.

—¿Tal vez regresen o no?

—Sólo el tiempo puede decirlo, por ahora conservamos una linda amistad.

Tenía un nudo en la garganta, no me esperaba ese tipo de preguntas pero tuve que sortearlas. Roberto siempre me pidió que fuera muy escueta en mis respuestas mientras se divorciaba, y que no mencionara nada de Rubí ni sus gordos.

—¡Qué lástima! Hacían bonita pareja, ¿alguna vez fuiste a sus carreras?

—No pero le deseo que tenga muchos podios este año —respondí honestamente.

—Mariana, si Roberto Quintana fuera un zapato, ¿cuál sería?

—Supongo que un tenis de alta tecnología, muy veloz, corrió muy rápido.

Ambas nos reímos.

—Decía mi maestro de psicología: "Te conozco más cuando conozco a tu pareja." ¿Cómo te relacionas con un tenis de marca muy veloz? ¿Qué tipo de zapato te consideras?

—Zapatillas de plataforma que alargan las piernas, modernas y exóticas.

—Por lo visto su clóset no tenía nada que ver... con plataformas jamás alcanzarás su rapidez, ni él con tenis estará a tu altura. Ritmos distintos.

Entonces pensé que nunca se me habría ocurrido caracterizar a una pareja con calzado. Elena continuó:

—Para todos los que nos escuchan, si tuvieran que elegir a su pareja como si fuera un par de zapatos, ¿cuál escogerían? Yo tendría una opción para cada ocasión, pero no vale, imaginen que tiene que ser el mismo par para toda la vida.

—¡Uf! Con mis plataformas ya me dolieron la espalda y los pies, entonces elegiría unos combinables, de buen gusto, buena calidad, muy cómodos, a mi medida y resistentes al paso del tiempo, curtidos para que aguanten a mis pies inquietos, no importa el precio mientras lo valgan —definí el par que en adelante quería ser.

—¡Claro! Las zapatillas más finas son carísimas, las presumes por donde caminas pero al final del día ya no las aguantas, exigen demasiado esfuerzo estar al nivel, lastiman los dedos si son cerrados y se tuercen los tobillos por las envidias, todas los desean. ¿Qué otros? —preguntó Elena.

—Los ortopédicos para corregir las pisadas del pasado; son feos pero te consienten mucho —nuevamente el par era aplicado a mí y no a una posible pareja.

—¿Qué tal unos económicos? —me preguntó para que condujera con ella, y nos centramos en los modelos que podrían ser una buena pareja.

—No, esos son desechables, sólo que les tomes cariño y los conserves de recuerdo. Mejor unas botas que te protejan del frío; pensándolo bien, no, asfixian el pie y apestan.

—Unos Converse para platicar con ellos —se reía Elena de sus chistes—, o de payaso para reírte todo el tiempo.

—Unos Crocs para que no te presionen y te sientas libre de agujetas; son fachosos pero *cool*, muy relajados, casi no se estresan —dije.

—Mejor unos Flexis, esos que resisten todas las chingaderas —¡qué impresionante la cantidad de analogías con las parejas!

—Los *vintage*, viejitos pero rendidores y a la moda —con ellos me proyecté.

—Unos de golfista para que le atinen al hoyo —se divertía Elena jugando con el doble sentido.

—Cualquier modelo pero que no sea prestado, qué asco usar patines rentados o los que te dan para jugar boliche.

—¡Sí, qué asco! Consideremos al colega calcetín, el intermediario entre la suciedad y tu piel, te recubre y es flexible a tus necesidades —complementó.

—Siempre hay un par en el aparador que hace que se detenga el tiempo. Entras y cuando se los pides al dependiente, descubres que los tienen pero en un número mayor. Aun así lo intentas. Frente al espejo echas el talón para disimular la diferencia. Crees que con una plantilla o algodón se resolverá el problema de la talla. Te los llevas puestos y vas chancleando por la vida aunque engarrotes los dedos para retener fijos los zapatos a los pies. Se te salen y te los metes cuantas veces puedas, te sacan ámpulas por tanto roce, no los llenas —fue mi forma de explicar la actitud de aferrarte a lo que no te corresponde.

—Es verdad, en un descuido llega la hermanastra de Cenicienta, a quien le embonan perfecto, y te los vuela. ¡Pinches perras! Suerte cuando la hermanastra eres tú, eso también puede suceder y ni modo —Elena completó la idea con su ironía.

—Lo más conveniente es el amigo pantufla, no se fija en tus defectos, se amolda a tus necesidades, jamás te lastima, ni le importa si tienes juanetes o pie de atleta, es de uso ilimitado aun cuando te enfermas. Llegas a casa y te conforta como en pijama, no tienes que guardar las apariencias, ni maquillarte para ser de su agrado —se me agotaban las ideas.

—Si no encuentras la horma de tus zapatos, disfruta de tus cayos como cuando andas sobre la arena en la playa, aunque a veces quema. Pasamos la mitad de nuestra vida arriba de ellos, digo, de los zapatos, bueno, también de ellos, los hombres. Por eso hay que probarlos antes de comprar compulsivamente. Si seleccionáramos mejor a las personas que nos rodean, evitaríamos deformidades y la vida sería más ligera.

Estaba feliz de haber conocido a Elena, en el corte musical le pregunté cómo se vengaría Single Pop de un novio que te manda a dormir al cuarto de sus hijos y amanece con ellos en lugar de contigo, cuando lo visitas en el extranjero. Me respondió que le enviaría uno de sus chocolatitos mágicos con ellos para que al probarlo se le encoja *junior* y extrañe el potencial que no usó cuando debía. Regresamos al aire y despidió el programa:

—Muchas gracias por haberme sintonizado por la 69.G, en el próximo programa hablaremos de la teoría de los tres meses para desenmascarar patanes antes de enamorarnos, tiempo mínimo para descubrir su verdadera identidad. Comprobado, a la primera semana te quiere coger, a la segunda te planta, a la tercera te miente, a la cuarta te pinta el cuerno, en la quinta te pide perdón, en la sexta ya no le importa si hay sexo, en la séptima prefiere irse con sus amigos, en la octava le pesa sacar la cartera, en la novena un viaje juntos, en la décima te presenta a su familia, en la onceava tus amigas no lo quieren, en la doceava sus amigos quieren contigo. Los espero con el mismo gusto de siempre. Querida Mariana, regresa pronto y por favor recuérdanos los datos de tu temporada.

—Todos los miércoles, a las 8:30 p.m., en el Foro Cervantes. Muchas gracias Elena, besos al auditorio.

Continué con las entrevistas del día, evadí las preguntas referentes a quién sería parte de mi currículo. Me recuperé con el tiempo, hice cambios, me concentré más en mis proyectos, fui a la nutrióloga, hice mucho ejercicio, dormí mejor, salí con amigas y retomé la fila de pretendientes.

Cené con uno de ellos en un restaurante lujoso, entonces me dijo:

—Cásate conmigo, viviremos la mitad del tiempo en México y la otra mitad en España, así te olvidas de teatritos. Conmigo tendrás todo.

—No me lo tomes a mal, eres buen candidato pero prefiero sólo tu amistad, después de mi desencanto con Roberto aprendí varias cosas de mí y decidí que quiero a alguien más joven como pareja —pude establecer límites con claridad, él también tenía 48 años, la edad kármica a la que debía renunciar.

Si este tipo de hombre pudiente entendiera que para mí el dinero es sólo un medio para seguir creando con libertad y no un fin que conquiste mi ser, me haría la mujer más feliz del mundo. Si en lugar de minimizar mi esfuerzo en el escenario, fuera un mecenas que estimulara mi pasión y sintiera satisfacción con el resultado, la historia sería distinta. Sacó a relucir un machismo controlador que me ahuyenta, egoístamente sólo quería una mujer florero a su lado. Si en vez de imponerse me hubiera escuchado con sensibilidad, habría descubierto que para mí dejar de expresarme artísticamente es abandonarme y morir en vida. Quizá no supo explicarse, pero fue mejor conocer sus planes e intenciones antes de perder más tiempo en cenitas. Esa noche se acabó el flirteo. Conservo su teléfono para cualquier eventual amistad. El bateo sin represalias es un arte que toda mujer debe aprender para salir victoriosa en el violador mundo del falo. Hablar con honestidad, argumento y sencillez es la mejor manera de convencer a cualquier testarudo, desde un niño hasta al rey.

EGOÍSMO
IDEAL

El siguiente paso para ser autosuficiente, tanto en lo económico como en lo emocional, es ser profesionalmente exitoso; construir un patrimonio propio para no deberle nada a nadie y sentirse orgulloso de los logros, consecuencia de esfuerzos titánicos. El secreto es mantener los pies en la tierra y ser consciente del tiempo.

Admiro a quienes tuvieron confianza en sí mismos para materializar sus sueños a pesar de las negativas exteriores; además ayudaron a otros a lograrlo sin pedir nada a cambio.

El amor propio no es narcisismo, es el egoísmo ideal del que hablaban Nietzsche y Ann Ryan. Esta última lo definió como una virtud. Tropecé mucho para aprenderlo y necesité quitarme cargas de mis antepasados que llegaron a mí a través de mis padres. Si no hubiera sido por las carencias que reconocí en gran medida gracias a mi profesión de actriz –para representar otras almas y dejar de ser yo, porque primero necesito conocerme–, jamás habría llegado a ser la mujer fuerte en la que me convertí. He trabajado en mis defectos cuando los acepto; he sido tenaz y persistente en la satisfacción de mis deseos; escucho sugerencias de quienes han forjado una trayectoria sólida. A veces me derrumbo porque el oxígeno disminuye y se desinflan mis esperanzas, pero vuelvo a levantarme para que mi vida valga la pena.

Nunca pensé que siendo la menor de mi familia llegarían a recurrir a mí para salvar situaciones extremas. La prueba familiar que demostró de qué estaba hecho cada integrante fue sobrevivir al secuestro de mi hermano. Fueron 23 días de terrible angustia, sentir que en cualquier momento dejaría de existir y encontraríamos su cuerpo envuelto en una cobija. Al mismo tiempo el banco embargaba todas las propiedades de mi padre por un crédito excesivo que avaló para su único varón, quien no lo pagó y despilfarró el dinero en lujos o malos negocios. Lo delicado fue que entre esas propiedades estaba incluida la casa que mi hermana se construyó. Era el patrimonio de su hijo, pero la puso a nombre de mi padre para que en su divorcio no se la quitara el marido, a quien mantuvo al grado de comprarle coche. Todo era injusto, tremendo desorden por mala administración. La pérdida económica no me afectó, yo no dependía del dinero de mi papá, ni esperaba recibir más recursos de su parte. Había logrado tener casa propia con mi trabajo y sin créditos. Mi papá se alegró al saber que al menos su hija artista no tenía deudas como los otros dos que le habían entregado un título universitario: competían entre ellos por ser aparentemente más portentosos y tener su aprobación.

Me aislé para reconocer mis limitaciones. No podía ayudar con lo que no tenía, y tampoco me hundiría con ellos perdiendo lo que durante toda mi vida me había ganado porque no habría nadie que me rescatara después. Tuve el dilema de ser egoísta o heroína, reflexioné y opté por hacer lo que estuviera a mi alcance. Ayudaba a mi manera, sin ocasionar más preocupaciones. Entonces mi carrera iba en ascenso y compartir con ellos mi felicidad era despertarles codicia, así que fui discreta y celebré solita los triunfos que acumulaba.

Ayudaría por gusto, no por obligación. Era mi familia, pero veía cómo se devoraban unos a otros cuidando los recursos por una razón que me es ajena: tenían hijos que proteger. Mi hermana se mudó a la ciudad de México con su hijo de cinco años: quería que fuera su aval para rentar un departamento, quería las escrituras del departamento en el que había invertido mi papá; no podía decirle que lo había vendido porque lo poco que le quedaba a mis seniles padres se los iba a quitar. Ella no quería ver a mi hermano porque era capaz de matarlo. Incluso amenazó con quitarse la vida si no recuperaba lo que el banco le había quitado. Mi mamá se mudó a una casita, vendió sus pertenencias, y trabaja en una casa de cambio por un sueldo que le alcanza para la renta y la comida. Mi papá se construyó una habitación con cocineta dentro de una bodega que le quedó. Mi hermano sigue endeudado, lo soltaron sin pagar rescate, su esposa le pidió el divorcio y trabaja en el campo para solventar los gastos de sus hijos. Entre mis contactos pedí auxilio para encontrarlo y para que mi papá no cometiera errores al negociar con los sicarios porque estaba muy afectado. Conocía al presidente del banco que iba a proceder con el embargo; apenada le pedí una prórroga para vender las propiedades y pagarle, ya que mi padre siempre ha sido un hombre honrado, austero y trabajador. Fue una época de sufrimiento para todos. Al mismo tiempo, los empresarios con los que trabajaba consiguiendo patrocinios para sus espectáculos no me pagaban mi comisión, la cual podría ayudar a salir del problema económico. Me preocupaba mi mamá. Empezar de nuevo a los 30 años es más fácil que cuando tienes más de 60. Le decía que si mi abuela había podido siendo viuda y con 12 hijos, nosotras también podríamos; de ella heredamos la fortaleza femenina pero, ¿dónde estaban los hombres para ayudarnos? Compadezco a quienes viven en ciudades pequeñas donde los chismes y señalamientos son severos. Aguantaron calumnias y discriminación, pero con la frente en alto siguieron adelante, incluso son más unidos que antes; excepto mi hermana, que pidió paz. Su familia son ella y su hijo, la razón de su vida.

Mi vulnerabilidad ha sido mi fuerza, porque me recuerda que sólo soy un ser humano. Ya no quería ser más fuerte porque las piedras se parten en dos. Al saber que no tenía licencia para echar la flojera, tenía que seguir esforzándome con más vigor; me estresaba saber que si quería descansar o me enfermaba, no tenía un colchón donde recostarme. Deseo devolverles a mis padres, en su vejez, el sustento que ellos me dieron cuando era niña. Me da miedo ser madre porque nadie se salva de cometer errores con los hijos, pero me gustaría porque he visto cómo quienes los tienen nunca pierden el sentido de su vida.

Después de la catástrofe financiera y emocional de mi familia, durante la que me inyecté anestesia imaginaria para soportar el dolor, mi mamá llegó por sorpresa a vivir conmigo por tiempo indefinido. Primero recibí una mudanza. Ella quería huir de la ciudad secuestrada por narcotraficantes. Dos meses duró el experimento y no funcionó. Si a mi edad es difícil que cambie mis hábitos, a la de ella es imposible. Quería seguir imponiéndome reglas. Le dije que se quedara el tiempo que necesitara, y que buscaríamos un piso diferente para ella, porque vivir bajo el mismo techo complicaba la convivencia. Yo estaba acostumbrada a mi privacidad, casi nunca estaba en casa por el trabajo, ella no conocía a nadie y dependía mucho de mí. Me angustiaba no poderle prestar la atención que requería. Dejé algunas responsabilidades para atenderla, representaba un ancla cuando lo que necesitaba eran alas para volar.

Ofrecí pagar los estudios de mi sobrino mayor en la escuela que estuviera dentro de mis posibilidades, oferta que fue rechazada. Más no podía hacer. Cuando me involucré en que mi hermana le pagara a mi mamá un préstamo que le había hecho, me gané una bofetada enfrente de su hijo; lloré mucho. Aprendí que el dinero no es lo único que puede ayudar a la gente, y lo que yo podía hacer por el mundo era difundir mensajes que despierten su conciencia para amarse a sí mismos y estar bien con los demás. ¿Cómo? A través del entretenimiento. Buscaría la forma de trascender y afirmé acerca de la vida: "Toma de mí lo que quiere, por eso me da lo que necesito." Parece etéreo pero me ha funcionado. No ha sido fácil pero pensar así me ha convertido en una mujer que inspira a otros a emprender sus proyectos.

¿Cómo hice para tener mi propio negocio? Invertí en preparación, cursos en México, Estados Unidos y Europa; en tener conocimientos que me dieran una perspectiva más universal de mi profesión; tomé riesgos que capitalizaría con prestigio después de poner en práctica lo adquirido. Renuncié a los múltiples empleos que tenía. Trabajaba para otras empresas importantes que pagaban mis colaboraciones como escritora, conductora, ejecutiva de ventas y actriz, pero yo nunca salía en la foto; sin embargo, me relacioné con personalidades exitosas que me compartieron su visión de la vida, con quienes de manera independiente podría continuar una relación laboral porque valoraban mi desempeño.

Tuve mi primera empresa a los 16 años en Querétaro, una academia de danza llamada Jazz Step. Estaba asociada con una chica de 21, que fue muy ventajosa; legalmente todo estaba a su nombre, aunque yo había aportado 50 por ciento de las rentas, pagado la mitad de las adaptaciones para el salón (espejos, barras), invertido en el equipo de sonido y en las horas de clases que daba diariamente. Ella reportaba menos alumnas de las que en realidad tenía; si decidíamos coreografiar certámenes de belleza estatales a cambio de publicidad nunca me mencionaba, se llevaba todo el crédito. Al final ofreció sólo pagarme mis clases. Éramos amigas pero nos separamos. Cada quien se llevó a sus alumnas a otros salones hasta que ella cobró una mensualidad y se fugó a bailar a Canadá; yo dejé de dar clases y seguí preparándome.

A los 28 años conformé en sociedad con mi mamá: la empresa MAR Entertainment. El uno por ciento de las acciones estaba a su nombre, era la única persona en la que podía confiar.

Con Julián, mi ex pareja, trajimos a México un espectáculo internacional impresionante, ninguno tenía dinero para pagar los derechos ni la producción, que superaban el millón de dólares, pero él tenía los contactos para que se la confiaran y mucha experiencia, y yo tenía ganas de aprender y contactos que podrían financiarlo. Unimos nuestras fortalezas y conseguimos a los socios. Era un reto grande, así que estudié un curso de desarrollo empresarial. Además tenía un asesor de lujo, un magnate de la comunidad judía, quien me había contratado para escribir su biografía. Él me dio valor, decía que formara mi propio negocio aunque me tardara más, pues quien tiene un socio tiene un patrón. Me advirtió que saldría raspada a la primera y me ofreció los servicios del departamento legal de su compañía, pero no tomé la oferta. Me confié y jamás recibí la copia firmada del contrato por parte de Julián. Trabajé durante un semestre por un porcentaje de las ganancias que nunca vi, pero lo disfruté y adquirí conocimiento y reconocimiento. Esas experiencias me ayudaron a ser más cuidadosa y responsable al involucrarme en un negocio.

Fuera del tema de ser empresaria, en algún momento de la vida salí un par de veces con un ex compañero de la universidad cuatro años menor que yo; seguía viviendo con su mamá, quien lo mantenía. Un día me reclamó:

—¿Por qué siempre andas con chingones? —no entendí qué quería decir o insinuar sobre mis méritos, pero respondí:

—Tienes razón, no sé qué estoy haciendo contigo —le piqué el ego y consiguió trabajo; se encargó de hacérmelo saber después.

Recuerdo que en mi clase de drama, cuando cursaba la licenciatura en filosofía y letras, la maestra recomendó asistir al Centro Nacional de las Artes a ver un desmontaje de una actriz italiana perteneciente a la compañía de teatro Odín Teatret. Quedé impresionada con su habilidad escénica, su trayectoria de 30 años viajando por el mundo bajo la dirección del maestro

Eugenio Barba, inventor de la antropología teatral. Me enteré de que impartía cursos y me inscribí al de invierno en Dinamarca. En la casa de la compañía abundaban los libros de investigación acerca del cuerpo y el alma humana, siempre en relación con el arte. Comprendí que ése ha sido el sistema que por 40 años ha permitido que los miembros se mantengan vinculados por una misión común. Tienen una filosofía de vida compatible. El director y fundador gana lo mismo que quien saca las copias. Todos trabajan productivamente para todos, nadie saca ventaja, ninguno tiene auto propio, se turnan el comunitario, sólo lo que cada quien hereda por fuera es personal.

Ellos van por el mundo impartiendo clases a cantantes, coreógrafos, actores, directores, todo aquel que se interesa por las artes escénicas. Presentan sus propios espectáculos en festivales, espacios cerrados o abiertos, conmueven a niños, ancianos, ricos, pobres, eruditos o gente sin estudios académicos. Fusionan culturas y rompen con el esquema convencional de las obras clásicas en las que el artista sigue órdenes de algún productor abusivo o un director. Asimismo, los mensajes de esta compañía han servido para culturizar a los pueblos que visitan con temas políticos y sociales relacionados con su realidad. Actores perseguidos y alabados dejan un legado para las generaciones que quieran seguir sus pasos.

Regresé de ese viaje con una perspectiva distinta de lo que implicaba ser artista y no valer únicamente por salir en la televisión. Asistí al concierto de un bailaor de flamenco, criticado por no ser purista y fusionar géneros dancísticos vestido de Armani. Analizaba sus clichés, trataba de aplicar mis conocimientos adquiridos en el curso, hacerme presente apretando el abdomen, enderezando la columna y empujando los nervios de la vista hacia el frente para proyectar la energía. Quería ver si desde mi butaca él me veía. En la fiesta después del *show* nos sentamos en una mesa aparte a platicar y tomar agua. Cuando me dijo en qué lugar estaba sentada de aquel inmenso auditorio, me derretí. Desde que lo conocí sentí peligro y apliqué resistencia, lo que quizá lo atrajo, siempre es asediado por sus fans. Nos presentó una amiga que era su *manager* en México; lo acompañé a su siguiente sede de la gira y tuvimos un romance fugaz, de un gitano no podía esperar más. Me contó de sus inicios como bailarín desde los 12 años y su destacada habilidad para la danza junto a notables figuras internacionales como Maya Plisetskaya. Dejó la compañía nacional a la que pertenecía para formar su propio ballet y desbordar su pasión sobre el tablao creando sus propios espectáculos. Durante más de 30 años se ha presentado en los escenarios más importantes del mundo, rompió esquemas y es considerado el número uno. Dice no quererse casar hasta que se quite las botas y pueda estar con su familia, en vez de tener un hijo abandonado por un papá que sólo llegue con los brazos llenos de regalos para paliar su ausencia y comprar su cariño.

Mis siguientes maestros fueron los creadores de inauguraciones de los juegos olímpicos de Beijing y Torino; trabajé en el comité de las celebraciones del Bicentenario de la Independencia de México, organizado por el Gobierno Federal, en el área de reclutamiento de siete mil voluntarios, y luego como vocera oficial. Me acerqué a su manera de trabajar, escuché su mentalidad progresista sin límites para impactar al mundo con sus producciones y conseguir los recursos para maximizar las ideas más locas de la gente que reclutan, en lugar de simplificarlas.

La suma de estas experiencias me dio confianza para emprender un camino en el que aguantaría la crítica y haría lo que naciera de mi alma para disfrute de los demás. Sabía que a algunos les agradaría y a otros no, pero provocaría algo en la sociedad desde mis posibilidades; con la visión de crecer, de ir de menos a más y no de más a menos —como a veces sucede por una ambición desmedida que frustra proyectos que parten de buenas ideas pero malos productores.

Reviví mi empresa MAR Entertainment que por poco desaparece debido a las anomalías contables provocadas por mis ex socios. Pagué los impuestos correspondientes. Escribí una historia con la que me identificaba; formé un equipo de personas talentosas; una abogada me ayudó a hacer los contratos para evitar líos en el futuro por la cuestión autoral; les pagué sus honorarios con mis ahorros; investigué si por parte del departamento de cultura había algún tipo de apoyo; solicité estímulos fiscales a empresas que deducirían su aportación debido a una ley recién implantada. Y así monté mi ópera prima, la cual me ha traído grandes satisfacciones. Mi madre dudaba de que estuviera lista para todo lo que quería hacer: escribir, producir, cantar, bailar y actuar en un *show* unipersonal. Le dije que quería darme cuenta en qué disciplina era mejor, que el público decidiera si le gustaba o no mi trabajo. Estaba cansada de buscar oportunidades en las que no me sentía aprovechada. Mi papá me felicitó por ser lo más cercano a lo que desde niña había soñado. Recordaré las palabras de Roberto Quintana, quien aseguraba que con todo lo que le he invertido a mi carrera, iba a lograr lo que me propusiera. Él fue otro ejemplo cercano de quien se dedicó a forjar su camino y tuvo su propio equipo en un deporte que no estaba consolidado en México, pero le abrió camino a otros para que llegaran a Fórmula Uno. El único punto fallido en común que noto en la mayoría de las celebridades es el desbalance con su vida sentimental. Pero considero que es preferible consolidar el triunfo que sacrificarlo por estancarse en relaciones que terminen en fracaso.

Seguiré preparándome, escribiendo, actuando y cantando lo que componga. Producir me cansa demasiado pero me ha dado autonomía. El destino me indicará cuál disciplina será la que me brinde mayor estabilidad tanto económica como emocional. Si siendo lo que quiero aparece el hombre que me complemente, será una bendición, pero no me rendiré a cualquiera por maldición. Deseo tener un hotel *boutique* frente a la playa con una cabaña en donde pueda pasar tiempo para inspirarme, cocinar comida de autor una vez a la semana para clientes locales, llevar a mis hijos a la escuela, leerles cuentos todas las noches hasta que ellos puedan hacerlo solos y viajar.

Espero que las siguientes generaciones se preocupen por el bienestar común y sepan que para lograrlo primero deben estar bien a nivel individual, tener mente productiva y no perderse entre tanta oferta con que la tecnología bombardea. Ojalá que quienes distingan su vocación antes de los nueve años sean orientados y se les brinde capacitación para que haya más competitividad de latinos en el mundo. Que las mujeres sean obligadas a trabajar dos años antes de casarse para que sepan valerse por sí mismas y no se vuelvan esposas desechables.

> En pareja o soltería hay que luchar por ser mejores cada día, tener metas concretas para no perderse en el camino y que una decepción amorosa no derrumbe su potencial.

SOLTERA PERO NO SOLA

Tras un año de ímpetu celebré las cien representaciones de *Soltera pero no sola*; los padrinos que develaron la placa conmemorativa fueron dos grandes amigos, un primer actor a quien admiro mucho y una hermosa conductora que escribe libros de autoayuda, un ser de luz. Quise que fuera una fecha inolvidable y por primera vez me presenté con músicos en vivo. Asistieron muchos tíos, primos y amistades; algunos fueron por tercera vez, así como la prensa a la que agradezco que siempre dé cobertura a mis actividades. Mis padres estaban muy orgullosos de ver la evolución de mi trabajo desde el estreno.

Jamás imaginé que después de aventar al público cien coloridos ramos de la soltería que mi mamá hizo con sus manos, la historia continuaría. Comencé en un foro experimental con 80 butacas, se agotaban los boletos y se prevendían dos funciones seguidas porque la gente se quedaba fuera, señal de que la temática despertaba mucha curiosidad, especialmente en mujeres. Luego siguió una gira por siete ciudades de la República Mexicana. En algunas fue negocio, en otras sólo inversión en promoción para que la gente conociera mi trabajo mediante la recomendación y las presentaciones en programas de televisión y radio locales. Muchas personas creerían que hay *glamour* en una gira artística, pero tratándose de un monólogo prefieres comer en la habitación del hotel porque viajas solo.

Una de las experiencias más humanas que me ha dejado esta puesta en escena fue presentarla en un centro de readaptación femenil. Quien me lo propuso es alguien que frecuenta a las reclusas todas las semanas, les busca actividades recreativas para que su encierro sea productivo. Me llamó la atención hablar de soledad y libertad a quienes llevan tal vez la mitad de su vida encarceladas por algún delito, algunas culpables y otras que no tuvieron medios para defenderse y recibir una condena justa. Lo que pude atestiguar es que el mensaje tenía el mismo efecto liberador de risa y llanto en las internas que en las señoras de clase socioeconómica acomodada. El teatro puede ser un fenómeno antropológico, un reflejo de la sociedad. Y el miedo a la soledad es uno de los más primarios en el ser humano, la tristeza que produce la pérdida del amor asociado a la soltería. Las internas no tienen permitidas visitas conyugales con facilidad, muchas se aman entre ellas: en su hábitat de cautiverio es una conducta natural. Su contacto con el exterior son la radio y la televisión, como premio a su buena conducta. ¿Qué harías si por alguna causa te vieras obligado a vivir en aislamiento y convivir con personas desconocidas que pueden convertirse en tu nueva familia? La libertad comienza en la mente, no se limita al vivir tras las rejas o con una pareja. Espero regresar con ellas para impartir algún taller de actuación, una actividad que les ayude a crear a partir de sus propias historias una obra de arte; tienen tanto que contar que ellas serán mis maestras con su sensibilidad.

El siguiente reto con esta misión cultural que decidí emprender y me compromete con el género femenino, es participar, junto a destacados ponentes el 8 de marzo, Día Internacional de la Mujer, en un foro frente a 10 mil personas. Un sueño hecho realidad fue cantar mis canciones en el Auditorio Nacional de la Ciudad de México. Esto se lo debo a la búsqueda incansable de manifestar mis deseos. Gracias a Consuelo mi amiga actriz, quien tuvo el presentimiento de que al presentarme a un galán que con ella no hizo *click*, algo sucedería. En realidad lo conocí, nos caímos muy bien pero mi mente estaba puesta en trabajar y buscar patrocinadores, así que lo asusté; pero me ayudó desinteresadamente con una pauta de publicidad, luego me presentó a una de sus mejores amigas, presidenta de una asociación nacional de mujeres empresarias. Ella me invita con frecuencia a sus desayunos o comidas para integrarme en ese círculo. Lo interesante es comprobar que unidas logramos más. Debido a estas reuniones encontré personas con las mismas inquietudes sociales que las mías; de ahí surgió la oportunidad de participar en esta agrupación tan peculiar.

Cada proyecto tiene vigencia. Inicialmente la temporada de mi obra era de 12 semanas pero las canciones originales y el disco trajeron un bebé más de este proyecto: un videoclip musical. ¿De qué podría tratarse la historia? Busqué varias casas productoras de cine para cotizar y ver ideas, le pedí participar a una amiga con quien he coincidido en algunas películas, yo como actriz y ella en producción. Hicimos buen equipo, un *crew* de profesionales que han trabajado con artistas como Jennifer López y Daddy Yankee. La directora fue una francesa que vivía en Los Ángeles; nos encontramos en Nueva York por coincidencia, ambas estábamos de vacaciones. Desayunamos en un hotel en 47th Avenue y platicamos del concepto *Single but not alone*. No se trataba de sobajar a los hombres o creer que para nada los necesitamos, somos complementarios, pero ninguno es indispensable para el otro. Se buscaba empoderar a la fuerza femenina en la sociedad, ejemplificar que para ser feliz no es necesario tener pareja o resistir malos tratos porque tenemos capacidad para procurarnos bienestar y gozar de muchos privilegios cuando nos amamos a nosotras mismas.

De este viaje hay otra anécdota excepcional. Se trata del modelo que elegí como pareja en el video, a quien de entrada en el guión corro de nuestra casa, le prendo fuego a su ropa y se la aviento enojada en una maleta por el balcón... tránsito breve de la tristeza hacia la superación. Corte a: me cambio de *look* y salgo a la calle manejando un auto convertible *vintage* con alegría y libertad. La realización de este video significaba un sueño actoral, al mismo tiempo que interpretaba al personaje protagónico de la historia; algo tenía que ver con mi vida y la creación de mi obra, con la canción que estaba promoviendo de manera independiente, sin disquera.

El modelo del video se llama Lucca, hombre pocos meses más joven que yo, en realidad empresario que no tiene nada que ver con el medio artístico, pero aceptó colaborar en el proyecto por diversión y amistad. Es muy guapo, de cuerpo atlético, inteligente y simpático. El viaje mencionado a Nueva York lo hice con él, yo volé de México y Lucca de un viaje de veraneo con un amigo a Israel, país alucinante con milenios de historia. Me pareció extravagante coincidir muy poco en la Ciudad de México y reunirnos en otro país. El plan no era romántico, aunque no niego que me gusta como hombre; tenemos año y medio de tratarnos. Solamente nos besamos una vez cuando nos conocimos; pero perdimos contacto hasta que iniciamos una relación de *marketing* para mi obra; su empresa vende servicios con descuentos a una infinita base de datos por internet.

Lo dejé de tratar cuando conocí a Roberto, después reapareció y nos actualizamos respecto a nuestra vida sentimental. En el proceso de tratarnos otra vez conoció a una amiga actriz que trabaja los fines de semana como cantante en bares; se gustaron y me lo bajó; muy apenada confesó que tenían saliendo dos meses pero no quería que me enterara por alguien más. Traté de no manifestar mi enojo, no quise verla para platicar de un asunto cuya explicación era obvia, una disculpa tampoco era necesaria, pero se perdió la confianza y, por lo tanto, la amistad. Me hubiera gustado que fuera sincera desde que empezó a salir con él y no cuando ya había metido las cuatro. Lo único que no haría sería reclamarle a Lucca porque perdería la amistad de los dos. Cuando le pregunté si ella le gustaba me respondió que sí. La verdad él no me había pretendido formalmente, nos acabábamos de reencontrar y estábamos en el proceso de conocernos.

Al final mi amiga regresó con su ex novio, un niño siete años menor que ella. Lucca me contó todo a detalle en un taxi rumbo a un restaurante japonés en Nueva York. Salimos a un club a bailar, tomamos el tren a Nueva Jersey para hacer *shopping* en un *outlet* gigante, corrimos bajo la lluvia y disfrutamos como si fuéramos cuates de toda la vida. Con pocas personas compaginas sin trabas en un viaje; conversación divertida y, sobre todo, mucho respeto. Por cuestiones de logística, presupuestales y de ocupación hotelera, compartimos la misma habitación, dormimos en la misma cama y les juro por lo más sagrado que más allá de un abrazo de almohada, ni siquiera nos besamos. Lo anterior demuestra la excepción de la regla de que dos personas de distinto sexo no pueden convivir en privado sin intercambiar fluidos.

> Soltería tampoco significa promiscuidad, sino ser fiel a ti mismo. Mientras existan damas, habrá caballeros.

Algunos opinarán que es *gay* pero lo dudo, me parece demasiado varonil. Además, cuando se agarró a mi amiga me confesó que tenía unas copas encima. Es triste pelearse entre amigas por un hombre, a menos que la disputa valga la pena y no se vuelva una traición intrascendente por calentura. Ella sabía de mis intenciones hacia Lucca y cuando lo conoció comentó que se veía que era un chico demasiado libre y difícil de comprometerse. Pues así le fue. Lo que no se vale entre cualquier género es ocultar información por conveniencia y después fingir arrepentimiento.

A Lucca creo que no le gusto para algo más, le caigo bien y no es de los aprovechados, quizá ya tuvo su racha de reventado. Su mamá fue a ver mi obra, es un amor y él mi "damo de compañía" para las alfombras rojas o actos sociales. Va conmigo si le aviso con anticipación y lo agenda. Es formal, luce elegante, me chulea, no arma escenas de celos ni demuestra inseguridades, entiende el rol profesional que debo desempeñar, respeta y nos divertimos sanamente porque a ninguno de los dos nos gusta tomar alcohol. La diferencia entre nosotros es que él madruga para ir sin falta al gimnasio y yo me desvelo escribiendo para robarme la creatividad que la gente libera mientras duerme.

En toda la aventura de mi proyecto incluí una gira por siete ciudades de la República Mexicana. Había conseguido patrocinadores que me fallaron en el último momento y consideré mayor la pérdida de prestigio si cancelaba los compromisos adquiridos que arriesgar mi propio capital.

Para la realización de todos mis sueños conseguí un préstamo con un amigo, alguien que primero pretendió un tipo de relación sentimental conmigo pero valoró mi persona sin ofenderse por la negativa. Él me dijo que no me cobraría intereses, que le pagara en la fecha acordada y no le pidiera más si no recuperaba el dinero invertido en la gira. Lo último que quería era ganarme su desconfianza y enemistad o pagar con *cuerpomatic*, así que disminuí la cantidad solicitada, la limité al costo de mi coche, que podría vender o entregarle si las cosas no resultaban. Los nervios y el estrés de ser tu propio jefe, y correr riesgos económicos a cambio de cumplir un sueño son considerables. En ocasiones confieso que el cansancio me ha impulsado a desistir de mi meta, pero no me he rendido. Seis días antes de que venciera el plazo del préstamo, con mucha satisfacción le devolví su dinero y conservé mi coche, pero pude haberme quedado a pie durante Navidad.

Estrené el videoclip musical en mi presentación en el Auditorio Nacional. Llegó el gran día, hacía mucho que no sentía más nervios que adrenalina antes de salir al escenario, pero me excitaba el momento. Antes de mí hubo otras conferencistas que hablaron de sus recientes libros publicados, seminarios, testimoniales y temas relacionados con las mujeres. Entre las participantes estaba una ex Miss Universo mexicana y la doctora Elena Torres, a quien saludé con emoción pues no la había vuelto a ver desde que me entrevistó. Esta vez no escuchaba su transmisión de radio mientras me transportaba a mi trabajo, sino que estaba atenta detrás de bambalinas, pendiente de cuando llegara mi turno de participar. Me grabé su discurso acerca del tipo de hombres que atraemos a nuestras vidas dependiendo de su personalidad y lo que perciben de nosotras:

—¿Sabían que el amor romántico es la unión del orgullo y la admiración entre una pareja cuya celebración es el sexo? Analicemos lo que un hombre exitoso busca en una mujer, y lo que un mediocre encuentra en nosotras para llenar su ineficacia. El hombre que se ama a sí mismo tiene una intensa necesidad de hallar seres humanos a quienes pueda admirar.

Recordaba a Roberto ya sin dolor, mi última referencia respecto a lo que Elena decía.

—Un hombre se enamora y desea sexualmente a quien refleja sus mismos valores. Hay dos aspectos esenciales que revelan psicológicamente sus respuestas romántico-sexuales: la elección de su compañera y la significación que dé al sexo. El hombre que se ama desea coincidir con personas a quienes pueda admirar, que tengan un espíritu similar, a quienes entregarse incondicionalmente. Pero si un hombre carece de autoestima, simulará tenerla y escogerá una compañera según la capacidad que ella tenga para fomentar su engaño de una felicidad aparente y un valor personal nulo.

"Hay hombres más hábiles que otros para fingir plenitud, y mujeres con ojo clínico más desarrollado para detectar su autenticidad o depresión", pensaba.

—Un hombre revelará su tipo de alma de acuerdo con la mujer hacia la que se siente atraído, que puede ser una heroína, segura de sí misma, inteligente y con fortaleza moral; una irreverente, superflua y despreocupada cuya debilidad moral le permita sentirse macho; una prostituta carente de juicio que no le reproche nada.

Cada punto que Elena abordaba me hacía recapacitar acerca del impacto que tiene nuestra actitud en los hombres con quienes nos relacionamos.

Las mujeres podemos pasar por distintas etapas emocionales en el transcurso de nuestra vida, hay situaciones que elevan o disminuyen nuestra moral; cuando nos valoramos somos fuertes, acechadas y admiradas; cuando nos desvalorizamos somos completamente vulnerables, usadas y abandonadas por el género masculino.

En cuanto terminó de explicar ampliamente la afinidad entre las almas, habló sobre el placer en las parejas.

—El placer y el deleite son una recompensa emocional para las parejas, así como un incentivo para continuar juntos. Las relaciones se acaban cuando se agotan las ganas de seguir construyendo con éxito cada día. La dicha es equivalente a tener control sobre la existencia y la desdicha contiene frustración al sentirse indefenso. El placer estimula la eficacia y el dolor conlleva a la impotencia; ése es uno de los temores básicos de los humanos después del miedo a la soledad. Un hombre racional, mentalmente sano, goza cuando tiene control sobre la realidad. Para un neurótico, su placer es huir de ella.

En temas de psicología hay que tener cuidado de no interpretar mal, pero qué ventaja es ahondar en la mente humana para asimilar mejor las consecuencias de nuestros pensamientos y acciones. Si entendí lo anterior, una persona que toma sus decisiones con más racionalidad no permanece mucho tiempo arraigada a una persona que se deja llevar por sus emociones; porque mientras una controla, la otra se fuga de la realidad y no hay punto medio donde coincidir. Eso me pasaba con Roberto: su deseo de controlar las situaciones me obligaba a huir de sus manos, y eso lo desesperaba cuando coincidían nuestras neurosis.

—Dime qué esperas de ti y te diré con quién te casarás o si permanecerás en la eterna búsqueda de quien te llene por completo. De esta disyuntiva depende lo que atraerás a tu vida, consciente o inconscientemente. Procura tener más placeres que deberes; proyecta deleite y serás miel, destila quejas y serás hiel.

A veces me pregunto, ¿habrá nacido el hombre que me corresponde? ¿Lo conoceré? ¿Aceptaré el que esté disponible en el momento? ¿Lo distinguiré cuando me mire a los ojos? ¿Hay edad para el amor? Lo más trabajoso para mí sería convivir a diario con alguien bajo el mismo techo si no hay más que un piso: dos personas juntas deberían sumarse, no aniquilarse. Qué difícil compartir la privacidad para hablar por teléfono, ir al baño y tener áreas de armonía o desastre.

—Los patanes no nacen, se hacen desde el hogar. Estoy segura de que las mujeres podemos ser igual de patanas que los hombres, pero los hemos culpado de insensibles, *gigolós* y don Juanes porque no nos hemos perdonado y descargamos nuestro odio en ellos, cuando lo que más deseamos es que entren a nuestra vida sin temor. Ellos son el huésped que añoramos y quizá aparezcan cuando seamos capaces de aceptar su imperfección como complemento de la nuestra. ¿Qué habrá más, cabronas o patanes? —preguntó Elena al público con ánimo de provocar una revolución en el auditorio.

—¡Cabronas! ¡Patanes! ¡Cabronas! ¡Patanes! —se escucharon miles de voces al unísono, la respuesta era confusa y Elena preguntó otra vez.

—Nuevamente, ¿qué hay más, cabronas o patanes?

—¡Cabronas! ¡Patanes! ¡Cabronas! ¡Patanes! —el orgullo femenino que no quería ser víctima nunca más, prefería asumirse como cabrona a dejarse humillar por un patán.

—Yo creo que iguales —dijo Elena—. Por cada patán ha nacido una cabrona y por cada cabrona han nacido muchos patanes, depende qué tan cabrona sea o qué tan mal lo haya educado su mamá.

Se escucharon risas y aplausos, parecía que su participación estaba por culminar; cada expositor tenía media hora para desarrollar un tema e impactar con su mensaje a quienes asistieron expectantes.

—Tú, amiga que me escuchas, si tienes un amor a quien abrazar de noche; alguien que se amolde a tu cuerpo haciéndote cucharita y que no te importen sus olores ni sonidos... te felicito, tienes un alto grado de tolerancia, paciencia, comprensión y amor. Cuida tu relación, entrena tu voluntad, un día más con él: "Sólo por hoy lo amaré", como si fuera un ejercicio de Alcohólicos Anónimos. Pero si se te pudre el hígado cada vez que te levantas y acuestas junto a un bulto que apesta, a quien sólo te une un papel y no hay nada más que aprender, ya sabes qué hacer. Ni todas las personas que amamos nos corresponden, ni todo el que nos ama es correspondido.

Llegó mi turno, una actriz en medio de admirables señoras, con mi ópera prima como dramaturga y el personaje de cantante que comenzaba a interpretar en la vida real. Tenía que explicar mi tema, ¿por qué soltería no significa soledad? Contraponía un poco los puntos de vista que expuso la doctora Elena Torres, a quien por primera vez escuché hablar en favor de la pareja.

—Queridas mujeres que asistieron a este homenaje para no-sotras, soy Mariana Gálvez y agradezco la oportunidad de presen-tarme ante ustedes para compartirles mi visión sobre la soltería hoy.

Se escuchó un silencio absoluto que me indujo a concen-trarme más, era mi momento de trascender, de conmoverlas sin aburrirlas o parecer ridícula por inexperta. Confié en mí y recordé lo que un maestro de modelaje me enseñó cuando participé en un certamen de belleza: "Habla con seso y conciso." Esta vez no estaba actuando un personaje, era yo quien improvisaba lo que me salía del alma, nada era ensayado ni había toma dos.

—Hay mucha diferencia entre "poder hacer las cosas solas" y "aprender a estar solas". Basta recordar que nacemos y morimos en nuestra piel. Prepárense para disfrutar su independencia con todo lo que hay disponible, empleando su tiempo y energía en construir una herencia social.

"El mandamiento que une a todas las religiones dice: 'Ama a tu prójimo como a ti mismo', pero hay gente que lo entiende al revés: 'Odia a tu prójimo como a ti mismo.' Miren la expresión de quienes no se aman, pedirán limosna de lo que carecen. Sólo una advertencia: el amor propio es distinto al enamoramiento de uno mismo con extrema vanidad. Podemos caer en egocentrismo si somos desconsiderados con los sentimientos ajenos. No mueran sin saber qué es sacrificar un bien por otro superior, tampoco sin reconocer que el narcisismo es la isla de personas infelices.

"Que sus decisiones sean resultado de sus deseos. No clau-diquen su imaginario por presiones ni chantajes. Es momento de reencontrarnos con nuestra verdadera vocación y vivir con orgullo lo que nos quede de vida.

"Quiero gritar al universo que nacimos para ser libres aunque a veces somos esclavos de nosotros mismos, porque nos regimos por las masas y no nos atrevemos a romper esquemas. Caminamos imitando a los demás para redimir la culpa que nos impide volar. Nos cuesta perdonarnos, sufrimos autocastigados en la Tierra, mientras esperamos como víctimas ganarnos el Cielo.

"Tener pareja no es la vacuna contra la soledad. La soltería suele ser más afortunada y divertida, es la oportunidad de volver a enamorarse. No pretendo que la gente evite el matrimonio, sino que sea más consciente cuando tome la decisión de casarse, que se prepare mentalmente para afrontar las dificultades que se presentarán.

"Soltería es búsqueda de uno mismo a través de las relaciones a las que les abrimos la puerta, simultáneas o alternativas. No es rechazar el amor, sino aceptarlo en diferentes envolturas. También puede ser el celibato: no querer involucrarse sentimental ni sexualmente con nadie para sublimar el espíritu.

"Soledad es vacío, necesidad de alimento, como cuando tienes hambre: puedes ayunar pero tarde o temprano comerás. Cuando te amas, generas lo que otros se acercarán a pedirte y tú decidirás con quién vaciarte de nuevo.

"Yo no tengo un manual para decir qué está bien o mal. Al proponer estos temas convoco a quienes desean poner sus experiencias sobre la mesa para que reconsideremos cómo deseamos que sean las relaciones humanas. Necesitamos nuevos formatos adaptables a los cambios históricos que debido al capitalismo, el acceso inmediato al conocimiento a través de tecnologías, los avances médicos y científicos, han modificado nuestra conducta o necesidades afectivas por el ritmo laboral que la cultura globalizada exige para sostener la economía, todo en completa desarmonía con nuestra espiritualidad.

"Cada persona es un batallón, una colección de facetas que entrenar para dominar la guerra de nuestras emociones, para que su fuerza no destruya nuestro sano juicio. Reconocer nuestros miedos generados en la infancia será el combate más honesto que podemos ganar por nuestra felicidad. Aunque haya heridas, el sufrimiento nos hace compasivos ante el dolor de los demás y, a veces, es necesario experimentarlo para valorar lo elemental antes de ansiar más.

"Para despedirme, quiero concluir con un rito antinupcial para las personas que buscan paz interior y reconocen que la verdadera felicidad es intermitente hasta la muerte.

"Cuidemos, pues, cuerpo y mente en nuestros primeros años de vida para que éstos se encarguen de cuidarnos después. Evitemos las cirugías mientras la gravedad lo permita y el presupuesto alcance. Tengamos orden en nuestras finanzas porque aunque el dinero es un medio, es resultado de nuestra productividad para compartir lo que seamos capaces de dar. Gocemos nuestra sexualidad con mesura, usemos anticonceptivos si no queremos procrear, ¡basta de niños que sufren en el mundo por la insensatez de sus padres! ¡Basta de familias rotas! ¡Basta de violencia en nuestra sociedad!

"A partir de hoy, y por voluntad propia, encuentren en la soltería un estilo de vida saludable para conocerse y amarse, antes de convertirse en lo que los demás desean pero ustedes no son, así como enredarse en relaciones desgastantes por miedo a la soledad. Estamos solos cuando abandonamos a Dios y a nosotros mismos. La ceremonia de hoy también incluye a quienes han descubierto que no es amor sino costumbre lo que los une a su pareja.

"Celebremos el libre albedrío que los trajo el día de hoy hasta aquí. Las personas que están a su lado serán sus madrinas, las demás seremos testigos de los votos que jurarán en esta bienvenida de solteras.

"Todas de pie, quiero escuchar su convicción al decir el siguiente juramento; cada quien diga su nombre y repita después de mí: 'Yo, Mariana Gálvez, me acepto como mi mejor amiga y prometo serme fiel en lo próspero y en lo adverso, en la salud y en la enfermedad, y amarme y respetarme todos los días de mi vida.' Las declaro oficialmente *solteras pero no solas*, pueden besar a quien quieran. Vayan en paz, este relato ha terminado, no sin antes cantar y bailar el himno a la libertad *Soltera pero no sola*.

Voy a abrir el corazón,
despedir la depresión,
el insomnio, vicios y ansiedad,
pues sé que soy más fuerte ya.

Voy a entregarme al placer,
voy a ser mi amiga fiel,
pues la vida es un instante
y los prejuicios desgastantes.

De este mundo no me llevaré nada,
lo dejo todo, todo.

Soy soltera pero no estoy sola,
me acompaña mi felicidad,
abro mis alas cada mañana,
no estoy atada a nada a nadie.

Yo soy soltera pero no estoy sola,
no busco algo convencional,
vivo mi vida a corazón abierto,
no estoy atada a nada a nadie.
¡Vivo en libertad!

El amor no toca mi puerta,
entra cuando la encuentra abierta,

pues la vida es un instante
y los prejuicios desgastantes.

De este mundo no me llevaré nada,
lo dejo todo, todo.

Soy soltera pero no estoy sola,
me acompaña mi felicidad,
abro mis alas cada mañana,
no estoy atada a nada a nadie.

Yo soy soltera pero no estoy sola,
no busco algo convencional,
vivo mi vida a corazón abierto,
no estoy atada a nada a nadie.
¡Vivo en libertad!

Mi voz retumbaba en cada parte de mi cuerpo, con la piel erizada saltaba de alegría al compartir una filosofía de vida que hacía vibrar a 10 mil mujeres que celebrábamos nuestro día. Leían en la pantalla del escenario la letra de mi canción, bailaban y cantaban conmigo, orgullosas de amarse incondicionalmente.

Esa noche organicé una cena con mi equipo de trabajo y amistades más cercanas para agradecerles su apoyo moral desde que inicié este proyecto de vida. Por este momento de gloria estaba convencida de que había valido la pena esperar en México y renunciar a la anhelada telenovela en Miami, etapa que implicaba perseguir la posibilidad de reconciliarme con quien me había sacado de sus planes.

Antes de dormir escribí la página uno de mi nuevo diario, al cual nombré *Bitácora de reflexiones*: "Uno de los secretos para ser libre y auténtico es perder el miedo a equivocarse."

ELLAS SON
MI ESPEJO

Pasó el encuentro Retos Femeninos y creí que presentarme en el Auditorio Nacional era mi máximo logro, pero sucedieron más cosas que me hicieron reflexionar.

Lo primero y más importante fue probarme a mí misma, después compartir mi éxito con las personas más importantes de mi vida. Logré que vinieran a verme mis padres, quienes orgullosos me aplaudieron.

Para mi sorpresa apareció un chico nuevo, bastante interesante en el sentido de que al ser compositor y cantante como yo, nos identificamos al instante, y también participó en el acto. Cumplía con la mayoría de los requisitos acerca de los filtros de selectividad que aprendí con Cindy, mi terapeuta: soltero, 38 años, sin compromisos, no sería su redentora ni él mi protector. Pero le faltaba uno, la distancia: vive en España lo cual hace imposible la posibilidad de un romance, así que me limité a pasarla increíble mientras estuvo en México. Me pidió que fuera su novia pero le dije que no, a menos que viviera acá, lo consideraría un prospecto.

Convencida de mi soltería, solamente me casaría para formar una familia con quien por amor y compromiso deseara lo mismo que yo. Mi nuevo lema: *Soltera legal, comprometida emocional.* ¿Con quién? Conmigo misma.

El siguiente paso hacia mi liberación fue darme cuenta de que el mensaje de mi obra realmente conmovió a ocho mil mujeres, entre las cuales había una característica común: todas buscaban superarse y por eso asistieron al encuentro.

Sentí la vocación de comprometerme más con la causa, el evento tenía un fin de impacto social en contra de la violencia. Así que lancé una convocatoria para que me escribieran brevemente a mi correo electrónico sus testimonios, aquellas que quisieran casarse o divorciarse, si eran solteras felices o discriminadas. Lo anterior, con la idea de hacer un programa piloto de radio o televisión en el que diéramos seguimiento a sus casos con el apoyo de especialistas. Para mi sorpresa, recibí más de 200 *e-mails* con historias conmovedoras, desgarradoras y satisfactorias de quienes confiaron en mí. Les compartiré algunos testimonios que, estoy segura, retroalimentarán su visión de la soltería en este milenio. Hay tantas variantes acerca de este tema que en la actualidad ha descompuesto el sentido del matrimonio y afectado a millones de familias que buscan amor verdadero y felicidad.

El aprendizaje de esta experiencia fue leer con atención cada una de las historias que encontraron un lugar para ser comprendidas. Creía que yo había sido su espejo pero ahora descubro que ellas son el mío, lo que pensaba y puede sucederme. Sin clasificar las historias, sólo ordenadas por edad, encontrarán que en cualquier etapa estamos a tiempo de analizar nuestros errores para reconciliarnos valientemente con la realidad.

Montserrat me escribió:
Tengo 24 años. Sólo he tenido un novio con el cual duré aproximadamente seis meses, aunque lo quise mucho, la relación terminó debido a que yo suelo ser muy independiente pues mi vida de soltera me gusta más. Vivo con mis papás y trabajo como asistente de gerencia en una microempresa de materiales de construcción. Siempre he destacado por mis buenas calificaciones, creo que me he enfocado más en ser primero una excelente hija (soy la mayor de cinco

hermanos), luego una buena estudiante, gran amiga y una muy buena empleada, y de alguna manera es por eso que no he puesto mucha atención a mi vida amorosa. La cual hasta cierto punto me tiene sin ninguna preocupación. A no ser por el hecho de que obviamente quiero llegar a ser mamá.

La vida no ha sido fácil, mi papá abandonó a mi madre, a mi hermano y a mí cuando yo tenía ocho años y pues estuvimos algún tiempo solos los tres, y desde entonces mi propósito en la vida ha sido ser alguien importante. Y que he llegado a donde estoy por el esfuerzo de mi mamá y sin la ayuda de mi padre. Mi mamá se volvió a casar, esta vez con un buen hombre al cual admiro y respeto. Con él tuvo tres hijos, pero lo más importante es que nunca dejé que este señor hiciera alguna diferencia ni económica, ni emocional, ni moral con ninguno de los cinco. Y eso se lo agradezco mucho. Hasta ahora la vida de soltera ha sido satisfactoria, algunas veces escucho a mis amigas hablar de lo mal que les va en sus relaciones, he visto desde infidelidades hasta agresiones físico-emocionales y definitivamente no quiero vivir eso, depender emocionalmente de alguien no es algo que esté en mis planes. Ahí es cuando aplico la frase "mejor sola que mal acompañada", y también recuerdo que soy "soltera, pero no sola" porque afortunadamente siempre tengo con quien platicar, ya sean familiares o amigas a las cuales quiero y me han demostrado quererme y están siempre ahí cuando las necesito.

Ésta es una pequeña reseña de lo que es mi vida de soltera a mis 24 años y que si en algún momento cambiara mi estado civil, lo único que pido es un hombre bueno, sencillo y amoroso que no me prive de mis sueños y que crezcamos juntos, cada quien con sus propios ideales.

Paty me escribió:

Por siempre, mi familia ha sido muy discriminatoria en los aspectos de la soltería, tuve a mi primer novio a los 16 años, tengo 25 años y jamás he estado "sola", pero siempre me he sentido así...

Alguna vez dejé de tener novio como cuatro meses. Fue horrible toda la burla que tuve que soportar, incluso me ocasionó grandes conflictos familiares, le dejé de hablar a las personas que más confiaba, eso es una larga historia, pero el punto se centra en que sí estoy sola... o sin novio, me empiezan a decir que me voy a quedar solterona y que voy a ser la tía cotorra de la familia... eso es horrible al escucharlo de tu familia, que se supone es la gente que más te quiere.

Al día de hoy llevo dos años y meses con mi novio, pero casi no nos vemos y a veces me siento sola, y concebir la idea de no tenerlo a él es muy aterrador; sé que tengo que trabajar mucho en ese aspecto, porque hay veces que quisiera dejar la relación, pero por miedo a estar sola no me atrevo a expresar aquellas cosas que me lastiman. Mi novio tiende a enojarse muy fácilmente y me estoy cansando de ser yo la que conserva siempre la calma, la que le pide que no se vaya enojado, la que pide que hablemos... En fin, siento que un día de éstos ya no voy a soportar esos pequeños detalles que me molestan y que lo voy a terminar... Pero tengo un miedo indescriptible.

Laura me escribió:

Soy una chica de 34 años, madre soltera de dos pequeñitas, una de tres años y una de tres meses. Lo de soltera es porque creo que los hombres que estuvieron en una etapa de mi vida no eran para mí y por eso creo que Dios los alejó de mí.

Mi historia comienza así: a la edad de 29 años decidí vivir con mi pareja, teníamos ya cuatro años de novios; la relación fue hermosa, teníamos una gran comunicación como pareja y amigos. Teníamos cosas en común, planes a futuro como pareja: hijos y proyectos. Yo soy una profesionista, él una persona sin profesión. Pero eso no importaba, en ese momento el amor era lo importante, estuvimos juntos y luego salí embarazada. En ese momento yo no estaba laborando y por cuestiones económicas él decidió ir a otra ciudad en busca de empleo pensando en el futuro y en los gastos del bebé que estaba por venir. Tuve que pasar mi embarazo sola, nuestra relación era de llamadas telefónicas y visitas a los 15 días o al mes. Después las llamadas fueron tres al mes y sin visitas, cuando vi estas acciones decidí ir a visitarlo, ya tenía siete meses de embarazo. Quise darle una sorpresa y así fue, compartimos el poco tiempo que tenía libre y me explicó que tenía mucho trabajo, etc. Después de esa visita ya no lo volví a ver, tampoco recibí apoyo económico, menos llamadas. Entonces me di cuenta de que estaba sola y a punto de dar a luz. Mi preocupación era aún mayor porque no tenía un trabajo, ya con los síntomas del embarazo uno está más sensible, yo quería morirme. Afortunadamente conté con el apoyo de mis padres quienes me acompañaron hasta que nació mi hija. Después del nacimiento, que fue alegría para todos, vi mi realidad nuevamente, cómo proveer de alimento a mi pequeñita, yo me la pasaba llorando por el hombre que me abandonó sin ninguna explicación, buscaba un motivo pero no existía tal. Hubo personas, como todo, que me motivaron, gente que me miraba como otra embarazada más y a mi edad era causa de muchas críticas, pero con todo eso salí adelante gracias a Dios; le pedía todos los días que yo encontrara un empleo. Cuando mi hija cumplió exactamente un mes, encontré un empleo, tuve que separarme de ella, la dejé con mis papás porque yo tenía que viajar al lugar donde conseguí el trabajo, el cual está a cuatro horas de la casa de mis papás. A mi bebé la veía cada fin de semana o cada 15 días, y así estuve durante un año. Ahora disfruto mucho a mi hija porque sigo en el trabajo en el cual ya tengo tres años. Mi hija está conmigo, va en primer año de preescolar en un colegio donde ha aprendido mucho, lo cual me llena de satisfacción. La frase "soltera pero no sola" me aplica porque en mi caso estoy sola pero tengo mis dos grandes regalos a quienes amo.

Mi mensaje es que aun cuando uno se siente sola, no es así. Se puede salir adelante aunque te den la espalda esos hombres o las personas que tú más quieres.

Noemí me escribió:

Tengo 33 años, soy licenciada en Educación Física y soy soltera por convicción. Estoy aprendiendo una nueva forma de ver la vida, intentando romper las creencias de que la felicidad sólo se logra si te casas y tienes hijos, lo cual me ha lastimado, pues dentro de mí hay una mujer con ganas de aventura, viajes y a la vez de espacios para la meditación, así como tranquilidad en contacto con la naturaleza. Esto no le ha parecido bien a varias personas, principalmente a mi familia, ya que no hay un día sin que mi papá me diga: "Aunque sea ten un hijo", y mi mamá repita: "Deberías casarte", o mis hermanos: "Ya te vamos a rifar."

Hace cuatro años tuve una relación en la que estuve a punto de casarme. Afortunadamente tuve un momento de lucidez y no lo hice, ya que era sumamente destructiva debido a mi baja autoestima en ese entonces, parecía que era mi último tren. Mi hermana más chica se casó y por la presión social sentí que ya me tocaba. Después fui a terapia, realicé talleres de desarrollo personal, sin pareja, me sentía muy bien así; sin embargo, no era consciente de que seguía con mi creencia de encontrar un príncipe azul.

Hace dos años conocí a otra persona, me encantó su forma tan abierta de ver el mundo, él vivía en Houston y nos veíamos cada fin de semana que él me visitaba, así duramos tres meses hasta que me fui a vivir con él durante seis meses. Dejé mi trabajo, familia y amigos. La intención era casarnos y vivir en México pero me di cuenta de que aunque fue genial, no estábamos listos. Me sentí lejos de lo que me apasionaba, sentí que dejaba de ser yo misma, no podía aportar económicamente y dependía de él. Rompí el compromiso y actualmente mantenemos una relación abierta. Regresé a mi terapia en el Centro de Salud Mental y Género, sigo intentando romper esquemas sociales que hasta hoy no han sido del todo buenos para mí. No ha sido fácil, sin embargo, empiezo a reconocer conscientemente que no nací para ser madre, que tal vez vivir en pareja sea algo que deseo pero no quiero depender de ello para ser feliz y si ese día no llega, de igual manera me sentiré realizada aunque la principal discriminación venga de mi familia.

Actualmente me siento plena, me hace sentir orgullosa decir que soy soltera, que no espero que nadie me mantenga, que no quiero hijos, que me encantan los deportes extremos y viajar por donde pueda.

Andrea me escribió:

Hola Mariana, yo nací en una familia sencilla de Veracruz, somos cinco hermanas y dos hermanos. Con muchos esfuerzos logré terminar a mis 26 años la carrera de ingeniería en electrónica. El campo laboral también es muy difícil porque en mi área, por cuestiones de mover equipos pesados, prefieren a un hombre que a una mujer.

Voy a cumplir 35 años, sentí el reloj biológico presionarme y he decidido casarme y formar un hogar. En realidad mi objetivo es tener un bebé, así que traté de conseguir un buen padre pero esto me ha costado un poco porque la vida no es fácil en el lugar donde me tendré que mudar con él. Viví recientemente en el D.F. y por las necesidades de pagar renta, comida y vestido pues tuve que trabajar en lo que encontrara, por sueldos que me ayudaran a solventar gastos.

Siempre he tenido la idea de superarme y estudiar tal vez otra carrera o una maestría, debido a que no encuentro trabajo, pero ahora ya estando casada siento que se me complicará.

En estos momentos no sé qué hacer, mi esposo es técnico en mecatrónica y los proyectos en su trabajo están escasos, así que me dio la oportunidad de trabajar también. El problema es la crisis de empleo a nivel nacional, no encuentro. Él me ha hecho la pregunta de si realmente quisiera regresar a estar soltera o seguir casada y ¡uff! La verdad que lo pensé un rato.

En lo personal me digo que en algún momento tendría yo que dar este paso, ya estuve mucho tiempo soltera, esta nueva etapa para mí es un reto. Lo que más me gustaría es tener ese hogar, esa familia y también trabajar o seguir siendo la mujer productiva que siempre he querido ser.

Lola me escribió:

Hola Mariana, tengo 35 años y soy soltera, en ocasiones con una gran alegría y otras con una profunda tristeza porque mi familia me humilla, me critica por no tener un marido o un hijo, porque a mi edad el reloj biológico para reproducirme empieza a detenerse.

He tenido relaciones pero desafortunadamente con una persona casada con la que duré cinco años; otra con un divorciado sin el menor interés de una relación formal y la mejor de todas fue en la universidad con mi amor eterno pero terminó en odio porque resulté embarazada con 21 años y preferimos continuar con los estudios y no concretar lo que pudo ser una familia. A partir de mi aborto se alejó de mí, y en una borrachera le contó a un amigo lo que había pasado. La herida aún no cicatriza, he pagado con muchas lágrimas mi error, me duele que aún no encuentre a alguien con quien compartir mi vida y que me haga mamá. Eso por el lado sentimental. Por la parte familiar tuve dos hermanos, uno falleció a los 35 años por alcoholismo, otro a los 18 porque lo atropellaron. Hoy en día vivo con mis papás, mi papá ha tenido varios infartos cerebrales que han mermado bastante su salud y mi mamá es la mujer más extraordinaria que conozco, con una fuerza titánica para luchar contra todo. *Aunque no soy autosuficiente, los he apoyado en lo más que puedo pero me cuesta mucho no pensar en mí, en lo que deseo, porque siento culpa si los dejo solos, me da miedo, y ése es mi conflicto porque sus reclamos también se hacen presentes. Me siento marginada por no estar casada ni tener hijos, como nuestra cultura o religión dicta.*

Carla me escribió:
Tengo 36 años, seis años soltera luego de siete de casada. Yo decidí divorciarme y empezar una nueva vida, no tengo hijos. Es difícil pero también es cierto que he aprendido a vivir para mí y darme el gusto de amarme y respetarme. Me critican porque no salgo con una pareja, convivo con amigos y familia. A veces lastiman comentarios como "ya te quedaste", "para cuándo te casas", "ya estás grande", etc. Lo increíble es que cuando ven las cosas que he hecho durante todo este tiempo (salto en paracaídas, buceo en mar abierto, playa, conciertos, etc.) terminan diciéndome que envidian eso. Es irónico, ¿verdad?

Regina me escribió:
Tengo 37 años, soy directora de una consultoría internacional y soy soltera. Soy divorciada. Soltera o divorciada, según se requiera. Me casé a los 26 años y me divorcié pocos años después. No tengo hijos. No me gusta el término "divorciada", así que por lo general uso la palabra "soltera", a menos que por alguna razón de fuerza mayor, legal o personal, tenga que explicar mi pasado amoroso. Qué curioso, ¿no crees? Que sea necesario hacer toda una deliberación para explicar si eres divorciada o soltera para empezar bien o mal. Aunque recientemente he descubierto que, a mi edad y en este país, cualquiera de los dos términos no está bien visto.

Mi trabajo es un negocio tradicionalmente masculino, me encanta lo que hago y soy muy buena, creo que todavía hay personas de ambos sexos a quienes les parece extraño, incluso irreverente, que me dedique a esto y lo haga bien, lo que ha sido una limitante con los hombres. Mi trabajo me ha hecho actuar de cierta manera en mi interacción profesional con ellos, creo que no he sabido delimitar las áreas y a veces me he llevado ese personaje a lo personal.

Un día un amigo me dijo que cuando me oye hablar tan apasionadamente de mi trabajo, pensaría que jamás lo dejaría para casarme o tener un hijo, y eso es ¡totalmente falso! Así que necesito aprender a diferenciar lo personal de lo profesional, y dar el mensaje adecuado. No me quejo, siempre he tenido suerte con los hombres, siempre hay alguien interesado, aunque siempre ha pasado algo, de un lado o de otro, que impide llegar a un compromiso más profundo. Imagino que esto tiene que ver con lo generacional. Yo crecí viendo a una madre débil y sumisa, prometí que yo nunca sería así, tal vez me he ido al extremo.

Ahora quiero encontrar mi propia versión de feminidad en pareja. No me gusta el rol cliché de feminidad tradicional, no me funcionó. Tampoco me gusta el rol feminista recalcitrante, siempre buscando maltratar a un hombre. Vivo en la búsqueda permanente de ese equilibrio que me ayude a danzar por turnos con algún hombre dispuesto a hacerlo también. Quizá entre las mujeres descubramos cómo hacerlo. Y que los hombres se cuestionen también ante estos tiempos modernos.

Janeth me escribió:
Soy mamá de Rodrigo (chulada de chamaco) y separada de su papá hace año y medio. En tu convocatoria encontré un espacio donde puedo decir con toda franqueza que tengo una vida de soltería feliz, pero no sola. La principal causa de mi separación con el padre de Rafa fue sentirme muy sola como mujer en compañía de un hombre que ya no quería tener intimidad conmigo. En la cesárea le di un buen susto a la familia con un paro cardiorrespiratorio y desde ese

momento a Miguel le dio pánico tocarme y decidió no hacerlo más, su trato se tornó tan fraternal que dolía.

Me considero una mujer que disfruta mucho su cuerpo, su sexualidad, por eso no era para mí una opción quedarme siendo sólo roommates. Tengo 38 años y quiero un compañero amoroso en mi vida, y ahora más que nunca estoy consciente de que no hay acto, firma o palabra que asegure una relación por un tiempo determinado, ni en un protocolo de tal o cual forma. Por eso es que ahora que nos separamos soy una mamá muy feliz porque no me siento obligada a permanecer en una relación sólo para posar en la foto familiar con cara de "¿quién me abraza, por fa?"; respeto mucho a Memo, convive muy bien con Rodrigo y me he dado la oportunidad como mujer de conocer a otros hombres. Me considero una mujer respetuosa, no juego con la gente, soy franca, digo lo que pienso.

Hoy día soy agente de seguros, tengo mi propia consultoría en finanzas personales y me asocié con una excelente amiga para formar esta pequeña empresa. Disfruto mucho mi maternidad, mis amigos, mis tiempos. Tengo mis rituales de belleza diarios que me doy como apapachos cada mañana para cargarme la pila y salir a lograr cada día lo mejor que pueda; no me exijo estándares de belleza porque además he confirmado que a los hombres lo que les gusta es tu actitud y en esa actitud se nota cuando te quieres.

Claro que no ha sido fácil, he tocado mis fondos, he cometido muchísimos errores, he llorado por perder la ilusión de tener una familia, de conservar a un compañero amoroso para edificar un plan de vida, para construir, apoyarnos y aceptarnos; me he enamorado de la persona equivocada pero he tenido el valor de renunciar a él. Algunas veces se me queman las habas por un buen abrazo, un beso, una buena plática.

Me encantan los hombres, amo su practicidad, su fuerza, su tosquedad física, me puede encantar un hombre enfocado pero real, que acepte sus miedos, sus culpas, sus alegrías y sus deseos, y justo es ahí donde estoy, conociendo personas, entendiendo que conectarse no es tan fácil ni expedito.

Gilda me escribió:

Decidí divorciarme hace un año por violencia familiar, estuve dos años y medio casada. Gracias a una fundación me ayudaron y asesoraron con la parte penal. A veces he sido criticada por haber tomado la decisión de divorciarme con el argumento de "debiste aguantar más" porque en los matrimonios hay momentos "difíciles", o he sido catalogada como una "cabrona" por haberlo dejado porque "sólo" me jaló del cabello.

Actualmente vivo con mi hermosa princesa de tres años y me gustaría participar en tu programa para ayudar a otras mujeres a que no teman tomar decisiones porque siempre hay gente buena dispuesta a ayudarte.

Desde que estoy divorciada hace siete años me he visto envuelta en algunas situaciones diferentes en las que me doy cuenta de que aún en esta época te estigmatizan. Sin embargo, estar sola no es tan malo. A veces es lo mejor de la vida, por muchas razones. No tener que despertar temprano porque es tu día de descanso, cocinar, lavar etc. Es tu día simplemente y no haces nada. Aun teniendo hijos. Las situaciones se tornan mejor, hay buena organización y la pasas bien.

Soy divorciada de un posesivo dominante, pero si he de ser honesta me gustaba mucho estar casada, me gustaba el título de señora. Y estar acompañada por las noches. Tiempos que quedaron atrás. Ahora soy una mujer creando un patrimonio, una historia mejor, estudio, me realizo en áreas muy diferentes además de la madre. Me he enfrentado a que cuando me invitan a salir ya directo te piden estar en la intimidad sin siquiera haber un mínimo acercamiento. Y eso no es mi prioridad. No voy por los sementales de la ciudad. Quiero algo más. O mejor estoy así, estoy decidida a no estar con nadie sólo por estar. Eso no es hoy mi prioridad.

Actualmente doy cursos de desarrollo humano en los que mi congruencia sale adelante. Y amo a la mujer que se atreve a vivir plenamente. Sin ser utilizada yo soy de ese tipo de mujer educando a cuatro hijos. Y por ello gracias.

Y claro que me gustaría volver a casarme. Pero si realmente vale la pena. Si no, mejor. Así estoy bien.

Lucero me escribió:

Soy divorciada desde hace tres años, estuve casada durante 10 años y fui muy feliz, tengo un hijo de ese matrimonio. Ahora que vivo sola me encuentro completamente plena y considero que soy más feliz que durante mi matrimonio; soy una mujer independiente, con retos por cumplir y muy orgullosa de tener un hijo al igual que yo: muy independiente, divertido, y que tampoco esta situación del divorcio lo ha afectado. Él convive con su papá los fines de semana cada 15 días y está muy adaptado a esta situación. Cabe mencionar, y es muy importante, yo soñé estar casada con esta persona para toda la vida, pero el destino fue cambiando. Hoy me encuentro felizmente en esta realidad, soltera pero no sola.

Bianca me escribió:

La razón por la que me interesa participar es para compartir que una misma se puede divertir muchísimo y pasarla bomba, y que en nuestras manos están tres opciones para tu día a día: disfrutarlo, sufrirlo o simplemente sobrevivirlo; la elección es nuestra y cuando menos nos demos cuenta estaremos plenas para compartirlo con esa persona especial en nuestras vidas. Soy soltera, tengo 40 años, no tengo hijos y claro que sí me quiero casar y tener hijos, pero no estoy dispuesta a tener relaciones donde el costo por estar acompañada es muy alto y ese costo se llama renunciar a tu dignidad y esencia personal.

Brenda me escribió:

Tengo un año separada, fue una relación muy difícil por el maltrato psicológico. Mi marido es alcohólico, tenemos una casa la cual dejamos para irnos a vivir al departamento de mis papás y la rentamos para pagar las colegiaturas de mis tres hijos con ese dinero. Al cambiarnos todo empeoró pues él tomaba más, se volvió más grosero, me agredía, me decía que estaba vieja y gorda. Fue un día que vi a unos novios que me pregunté por qué permití que me tratara mal y decidí cambiar mi vida. Me preparé y decidí separarme, le pedí que se fuera y así sucedió.

Quiero arreglar mi situación legal pero tengo miedo, pues él me dijo que si lo demandaba ya no iba a pagar las colegiaturas de mis hijos y pues es con lo único que me ayuda, no nos da ni un peso para la comida.

Olga me escribió:

Tengo 42 años, jamás me casé ni tuve hijos porque no quise ser una figura paterna sola. Pero lo que siempre tuve fueron problemas ginecológicos hasta que me hicieron la histerectomía.

No he extrañado tener un hijo, convivo de cerca con infantes por medio de mis sobrinos y he observado que es una ardua tarea. Así que no extraño de ninguna manera tener los propios.

He vivido sola e independiente desde los 34 años, no soy profesionista pero he trabajado a nivel ejecutivo. No tengo casa propia, no puedo darme el lujo de dejar de trabajar por temporadas para "descansar". A medida que el dinero y las circunstancias me lo han permitido he tomado diversos cursos para mi propio crecimiento.

Pertenezco a un equipo de natación profesional de fondo y a un equipo de buceo. Mi horario empieza a las 7:20 a.m. y termina a las 22:30 p.m. de lunes a viernes. No sufro de soledad. Al contrario, cuando llego y pongo alguna estación radiofónica donde toquen jazz lo disfruto, me relajo con una copita de vino o simplemente con una buena mascarilla (soy fan de los tratamientos faciales). Soy sociable, servicial, y eso me ha ayudado a sentir que estoy soltera sin estar sola, me siento completa conmigo misma.

Hay una anécdota que no puedo entender, me sucedió hace unos dos años cuando encontré en facebook a un ex novio que fue el amor de mi vida, hace 23 años. Desde entonces le perdí completamente la pista; ahora, después de tantos años, nos volvimos a encontrar. Él, un hombre casado y divorciado dos veces y con hijos adolescentes, me dice sorprendido: "Me da mucha tristeza ver que no te casaste, que no tienes hijos y que estés sin pareja aquí solita en este departamento." Acto seguido empezó a llorar y yo no entendía, ¿cómo era posible que alguien sintiera tanta lástima por mí si yo no me sentía así de desahuciada?

Me gusta comentarlo porque a lo largo del camino nos encontramos con gente que dice: "¡Ay, mira, pobrecita, se quedó sola!, ¿cómo le va a hacer más adelante? Ahorita porque está joven, ¿pero después?" Expresiones como ésas la bombardean a una, pero la realidad es que sí me gustaría encontrar una pareja pero pareja, no alguien para arrastrar, jalar, mantener, dar terapia psicológica, etc. Sí quiero casarme pero siento que es difícil encontrar al hombre equiparable a mí, no busco ni espero un ideal puesto que no existen, pero creo que con alguien que no resulte bisexual, homosexual, mantenido e irresponsable, estaría bien para mí.

Marcela me escribió:
Definitivamente el ser humano es complejo tratándose de relaciones personales, si se está casada se quiere regresar a la soltería y si se está soltera con ansiada esperanza se pretende ser parte del círculo de casadas y necesitadas.

Yo por ejemplo sigo soltera a mis 43 años, y en cada relación que inicio la hago con la idea de que ésta sí es la del compromiso, pero al final de cada una de ellas me quedo con la expresión: "¡De la que me salvé!"

Dicen que cada quien tiene lo que se merece y hay ocasiones en las que yo digo definitivamente no merezco estar con un tipo como él. Pero, sabes, hay ocasiones en que yo me digo de eso a nada pues ya de perdis él, y en otras digo definitivamente ni como él, ni él y ni por él, así estoy bien.

Creo que lo mejor es conocer quién eres, apreciar y disfrutar lo que haces sola o acompañada, y que yo soy con o sin alguien a mi lado, y considero que una sola o casada invariablemente seguirá siendo, hija, hermana, tía, prima, porque en efecto soltera o con compromiso la familia es lo que permite lograr todas las metas que se visualizan en la vida.

Rosa me escribió:
Sirva ésta para agradecerte todas las atenciones que has tenido para todas las que hemos acudido a ver tu obra de teatro, que no está apartada de la realidad y que en muchas escenas encajamos la mayoría de nosotras.

Agradezco también la llave de la libertad que nos diste, sirvió para abrir la coraza que cubría parte de mi autoestima, no estaba tan errada como pensé; pero algunas cosas no las visualizas hasta que alguien te las dice, pero de esa manera que tú las dices, ya que si una amiga o alguien se dirige directamente a ti, lo que haces es cerrarte y visualizar que tú estás bien, los demás son los que están mal, pero al fin y al cabo indirectamente "al que le quede el saco"...

Mi historia es un tanto dura y gracias a Dios historia; duré 11 años casada, el tipo misógino, grosero, llegó hasta al maltrato físico, tenemos dos hijos y por miedo al qué dirán, al qué haré, qué será de mis hijos, no hacía nada.

Un día me vi en el espejo y dije: "Si éste me quiere, qué puedo esperar, así no es amar, no puedo seguir así", pero sin antes pensar que la única forma de separarme de él era sólo que alguno de los dos muriera, por qué tan cobarde me amenazaba que si lo dejaba se mataba. Pero en fin, ese día me di cuenta de que debo empezar por quererme y podría querer a los demás, a mis hijos y a todo el mundo.

El proceso fue dificilísimo porque me dio por donde más me dolió, con mis hijos, les lavó el cerebro y les dijo que yo era mala, que por mi culpa se había deshecho la familia y no querían estar conmigo. Me pidieron estudios psicométricos y psicológicos, todo el chantaje lo dejó sobre mis hijos y ellos pequeños ni para dónde hacerse, porque si ellos se iban conmigo él se moría... Pues me tuve que morder y dejarlos con él (a mí me dieron la guarda y custodia) pero tanto fue su veneno que mi hijo mayor me decía que ojalá fuera soldado para tener una pistola y matarme, porque yo era la que había deshecho a la familia y que si veía al juez que le dijera que él se quería ir con su papá. Ante tales hechos no me quedó más remedio que dejarlos con él.

Tengo seis años de divorciada "gracias a Dios", y a mis hijos los veo un fin sí y otro, no. Ahora que el niño ya entró a la adolescencia y ya le contesta, mi ex ahora sí me llama y me dice que a ver qué hago, pero bueno el problema de los niños es otro rollo.

A partir de mi divorcio, ¡soy libre!, libre de pensamiento, libre de actuación, libre de hablar, libre de sonreír y libre de vestir y comer lo que yo quiero; porque cuando estaba casada todo eso era problema, era problema mi trabajo, era problema la ropa ajustada, era problema platicar con la gente o sonreírle a alguien, llámese señora, niño, señor; era problema el tránsito, era problema que mi jefe fuera hombre, era problema tener hambre y desayunar, hasta era problema hacer un huevo revuelto, lavar la ropa, todo porque no lo hacía como él quería o como lo hacía su mamá. Imagina el infierno que viví y soporté por tonta, por no tener problemas, por dejar que el copo de nieve se volviera una bola de nieve.

En fin, ahora soy libre, ¡soltera pero no sola!

Dalia me escribió:

Me casé muy joven, tengo tres hijos adultos y una nieta. Estoy divorciada, después de vivir una vida que no era la que me había planteado. Esto me ha generado mucha frustración, ya que viví violencia intrafamiliar y por lo tanto infelicidad. Hoy a mis 51 años y después de dedicarme en cuerpo y alma a mi familia, no tengo actividad laboral, y mi vida está vacía. Estamos acostumbradas a vivir en una sociedad de imposiciones y valores distorsionados. Me siento sola porque no he aprendido a desapegarme.

Guadalupe me escribió:

Después de que quedé viuda intenté buscar una pareja, me sorprende cómo en la actualidad es tan difícil encontrar un hombre honesto, sincero y con valores, y sobre todo que quiera un compromiso serio. Creo que sí debe haber, sólo que no he conocido ninguno; por el momento estoy soltera pero no sola, tengo una hermosa familia, con la que lleno mi necesidad de dar y recibir amor, un amigo con el que me divierto, vamos al cine, a comer, etc. Eso sí, la regla entre los dos es: cero sexo, es lo único a lo que renuncié voluntariamente porque en la búsqueda del amor sólo sexo es lo que encontré y pienso que para mí el amor es mucho más que eso. En la actualidad, los hombres disfrutan la liberación sexual de la mujer mucho más que nosotras mismas. Para ellos es más placentero brincar de una experiencia a otra que estar con una sola mujer toda la vida. Y yo la verdad quiero llegar al corazón de uno solo y no a la cama de muchos. Así que por el momento estoy aquí cubriendo mis necesidades de amor, dándomelo a mí misma, y me siento bien; si Dios tiene algo para mí esperaré paciente mientras disfruto la vida y soy feliz; claro que si cuentan mi historia tendrá que ser anónima por respeto a mis hijos. Gracias por darme la oportunidad de expresarme.

Aún me encuentro respondiendo a cada una, buscando especialistas para armar el mejor programa de televisión para que, al identificarse el público con distintas historias reales, busquemos nuevas opciones de combatir la discriminación contra las mujeres solteras. Necesitamos crear campañas que nos incluyan, que en lugar de 2x1 al pedir una pizza, nos hagan 50 por ciento de descuento, nos manden dos boletos cuando somos invitadas a una boda o premien el mérito que implica destacar por una misma. Es muy complicado que todas las personas se saquen la lotería, aun cuando compren boleto: de igual manera las posibilidades de que todos encontremos a nuestra media naranja son altísimas y podemos quedarnos esperándola hasta el último día de nuestras vidas. Por eso considero importante preparar a las nuevas generaciones para evitarles la desolación que otros han sentido al fracasar en sus matrimonios; que sepan que para ser felices y amar no es requisito casarse o se replanteen los valores para que existan mejores familias. Es necesario comenzar por ser personas, atender las limitaciones psicológicas y emocionales con ayuda profesional sin pensar que es sólo para quienes llegaron a tocar fondo; entender que el compromiso comienza con saber estar bien uno mismo, ser más responsables y aprender a amarnos a nosotros mismos.

A las mujeres modernas nos gusta sentirnos útiles, productivas, consideradas, más allá de ser floreros que adornan el hogar. Hay maridos pobres y maridos ricos, lo cual influye en la tranquilidad financiera para tener una estabilidad emocional cuando sólo un cónyuge trabaja. Cuando también la mujer aporta capital a la institución familiar y si los roles no están definidos en cuanto al cuidado y educación de los hijos, a veces se genera cierta competencia porque trabajar es demandante, se pasa mucho tiempo fuera para cumplir con un horario laboral.

Lo importante es tener siempre claro lo que queremos para tomar buenas decisiones sin arrepentirnos en aquello que desconocemos pero que nosotros mismos construimos y llamamos "futuro". Aprendamos a no juzgar a los demás, sino a comprender sus momentos difíciles y analizar qué pudo llevar a ciertas situaciones complicadas para evitar caer en lo mismo. La compasión hacia las demás mujeres ha sido una fuerza positiva en el mundo porque si en lugar de percibirnos como rivales nos aliamos como cómplices, encontraremos la fuerza necesaria para renunciar al abuso de la aún existente cultura machista. Sin caer en un feminismo igualmente absurdo y ser dominantes, recuperemos el poder de nuestra feminidad con todos los derechos y las obligaciones que nos corresponden; así le pondremos un alto al maltrato porque ayudándonos seremos capaces de valernos por nosotras mismas.

Reconozco que he sentido rencor, amargura, tristeza, desamor, depresión y todas las emociones que nos consumen por dentro y nos llevan incluso a vengarnos de quienes, intencionalmente o sin querer, nos lastimaron por egoísmo, y nosotras lo permitimos por miedo. Sólo hay dos opciones ante el dolor: la primera es darle vuelta a la página después de reflexionar, ser autocríticos y resolver los asuntos pendientes que arrastramos desde la infancia hasta el presente o jamás seremos libres. La segunda es vivir enfermos del alma y que nuestro rostro se desfigure con una mirada sin brillo, aparentando que somos felices cuando no nos satisface nada.

Seguí muchos de los consejos que escuchaba de Elena Torres; soy su fan, aunque en el fondo creo que es como esas psicólogas que dan consejos, pero no los aplican a sus propias vidas. Como las nutriólogas que te dan una dieta y entre cada paciente que sale del consultorio se comen una barra enorme de chocolate que les impide adelgazar. Creo que su álter ego Single Pop es muy divertido como primer paso cuando aceptas que estás dolida, ardida o amargada por culpa de un patán, pero después hay que dejarlo en el clóset si realmente queremos evolucionar como seres humanos con actitudes sabias y no basadas en el rencor. La risa nos cura porque hace evidente lo que somos incapaces de expresar con palabras, hasta que estamos totalmente curados.

Para terminar, quiero decir que las mujeres sí podemos salir solas adelante, que a pesar de haber sido lastimadas a veces somos más fuertes cuando a nuestro lado no tenemos a un castrador de sueños, aunque en el fondo todas añoramos tener un compañero de vuelo. La única manera de estar preparadas en esta vida es valorándonos y teniendo siempre un objetivo espiritual que nos haga mejores seres humanos, que nos levante cada mañana a luchar de manera placentera en este mundo terrenal, ignorando los prejuicios de la sociedad.

A manera de secreto les cuento que, cuando menos lo esperaba, Roberto Quintana reapareció en mi vida por medio de un mensaje, año y medio después, sólo para disculparse por haber sido tan frío y duro cuando terminamos. Esto porque alguien le hizo ver su suerte, aceptó sus errores con humildad buscando ser mejor persona. Aunque ya lo había superado, me dio gusto saber que, aunque fuera tarde, me había valorado. Pero, como los finales felices de las solteras, esta vez yo elijo con quién quiero estar y con él no volvería jamás. Representó un patrón que me impedía evolucionar emocionalmente pero con quien pude abrir los ojos. Con él se quedaron atrás todos los patanes del mundo que hubiera tratado, de quienes me dejé aplastar y de quienes yo equivocadamente deseaba sentirme querida hasta que encontré fuerza en mí misma y sin resentimiento lo olvidé.

Quedaban pendientes 10 mil dólares que le pedí para demostrarme que era capaz de pedir ayuda en lugar de ahogarme en mis necesidades, conducta aprendida en mi niñez para no ocasionar más problemas a mi familia. Cuando se los pedí sabía que estaba en sus posibilidades dármelos y aceptaría por sentir culpa. Yo había sentido odio y necesidad de desquitarme cuando su ex me demostró la forma en que podía manipularlo, cobrándole literalmente mi dolor; fue la única manera en que experimenté alivio cuando me dio la espalda y yo terminé de frente lo que habíamos iniciado. Le dije por teléfono que afortunadamente mi vida era muy bonita y mis planes también; le agradecí lo que me había dado en apoyo a mi carrera y le pedí su número de cuenta para devolvérselo porque ya podía solventarlo. Me dijo que los guardara como un recuerdo porque él había aprendido que el dinero no es lo que mantiene unidas a las familias, ni lo que fortalece el amor de una pareja como él había creído y que recordara siempre que por el valor de mi persona merezco eso y más. Comenzó a escribirme con más frecuencia cosas sencillas hasta que me contó lo que le había sucedido. Yo vislumbré que su intento por reunificar a la familia después de que terminamos tenía pocas posibilidades de éxito, pero acepté y lo dejé ir para sanarme a mí misma. Lo que no me esperaba era cómo iba a fracasar. Resultó que Rubí desea casarse con otro más joven que ella pero para irse a vivir con todo y sus hijos a un país de Sudamérica. Por otro lado, tuvo otra novia que lo dejó de la misma manera que él huyó de mí, sin la oportunidad de aclarar razones personalmente sino por medio de una carta hiriente; así lo explicó él y por eso quería que lo perdonara porque deseaba cambiar y aprender a ser mejor persona.

Ya había pasado un mes de sus disculpas. Una madrugada chateamos por el celular durante cuatro horas. Él estaba en un aeropuerto de Europa llorando y yo consolándolo desde mi cama. Minutos antes de abordar el avión me pidió con el alma pasar unos días juntos como amigos para platicar, se sentía muy solo y vacío, se identificaba con la canción "Me olvidé de vivir" que cantaba Julio Iglesias; me preguntó el nombre de las pastillas que tomaba para dormir, que me recetó su amigo el psiquiatra. Le sugerí que las evitara si estaba deprimido porque en la oscuridad de mi cuarto yo estuve a punto de acabarme el frasco en una sola noche por la tristeza. Me invitó a Miami pero le dije que mejor él viniera a México y de paso asistiera a una conferencia que le ayudaría a entender su proceso. Era tal su desesperación que no cuestionó nada y aceptó ir sólo porque ese día, cuando él llegara, yo daba función.

Le reservé un hotel que está a una cuadra de mi casa, nos encontramos para cenar y pasamos cuatro días intensivos hablando de todo lo que durante año y medio habíamos callado entre los dos. Me dediqué más a escucharlo, él creía que yo lo odiaba pero en realidad preferí darle las gracias por haber regresado con humildad a reparar el daño, en lugar reclamar lo que no había funcionado. Él quería que fuera su espejo para reconocer sus fallas como hombre y crecer como ser humano, no volver a lastimar a sus parejas porque evidentemente algo estaba haciendo mal. Estaba arrepentido de haberse encerrado tantos años en sus carreras y olvidar que quienes lo acompañaban también tenían vida; y al sentir que no les hacía falta nada exteriormente la misión de conquista estaba cumplida.

Su presencia me confirmó que lo que yo había vivido con él no significó que yo fuera incapaz de cuidar una relación de pareja. Simplemente nuestra inexperiencia ante una situación nueva y tan complicada, con niños pequeños de por medio en un proceso de divorcio, nos hizo cometer errores de los que ambos aprendimos.

Después la plática se tornó una psicoterapia, me mostró su vulnerabilidad disfrazada por inseguridades que tenían origen en su infancia y juventud. Convertirse en el número uno del deporte le dio la fuerza que necesitaba para sentirse admirado, pero al cumplir 50 años y dejar de correr le pasó lo que a Sansón cuando perdió su cabellera por Dalila. Nada exterior le da felicidad, débil busca su camino y cree que es tarde para volver a empezar.

¿Por qué habría de ayudarlo si fue la persona de quien me dejé lastimar? La respuesta es que los sentimientos nunca mueren cuando son verdaderos, se guardan en un cajón. Siempre había sido amor, así que le di la llave para que sus cadenas pesaran menos, le serví de eslabón en su crecimiento espiritual y se fue agradecido. Anotaba y grababa cada frase o reflexión que antes hubiera ignorado.

En su búsqueda personal desea hacer algo por ayudar a los demás, como escribir sus memorias sobre las dificultades que pasó para alcanzar su sueño; conformar una fundación para quienes tienen potencial pero les falta disciplina y oportunidades para triunfar en el deporte; algo que llene su espíritu más allá de la competencia. Haber sido exitoso en su carrera lo llena de satisfacción pero sus fracasos emocionales han sido una gran lección. Aprendió que en la carrera de la vida no es más feliz quien logra más conquistas en la pista, sino quien sabe dejar en el volante su egoísmo antes de llegar a casa para cuidar a sus seres queridos.

Fuimos capaces de reconstruir una relación honesta. Paseamos, vimos películas, incluso compartimos cajetillas de cigarros aunque ambos sabíamos que ninguno de los dos fumábamos. Era una manera de acompañarlo en su autocastigo originado por una gran culpabilidad.

Y así se escribió el final. A veces le damos más mantenimiento a un coche que al alma, conclusión satisfactoria y gratitud de ambas partes para continuar nuestras vidas, cada quien con sus planes. Un abrazo cariñoso y cargado de respeto fuera del elevador, como cuando nos conocimos; pero esta vez supe establecer límites, no lo invité a pasar a casa, cada quien durmió en su lugar, ni hubo besos para saciar la soledad. Tiró en el basurero los últimos cigarrillos, me dijo que estaría agradecido de por vida por haberle dado la mano cuando más hundido se sentía. Nos deseamos suerte en la despedida.

A estas alturas estarás cuestionándote si estás soltera por decisión o por mala elección. De cualquier manera seguirás experimentando el ejercicio del complemento, y mientras más trabajes en fortalecer tu ser, más difícil será que caigas en relaciones disparejas o inadecuadas. Todas las personas somos disfuncionales, quien exija perfección que asuma las consecuencias. Las parejas no se buscan, se encuentran cuando ambas partes están en la misma frecuencia y cada cual debería configurar sus propios acuerdos con el otro partiendo de la honestidad. Pero, ¿qué pasa si anhelas un compañero y no aparece aunque te ames a ti misma? Mi fórmula para sobrevivir en la adversidad siempre ha sido dedicarme apasionadamente a las cosas que me producen bienestar, satisfacción y placer.

Conócete, acéptate y valórate porque en el camino siempre aparecerán personas afines con quienes compartir. Decide por ti, más allá de requisitos y complacencias sociales, deja de ser víctima de un simple estado civil. Sin generalizar, vislumbra el panorama y elije el que mejor se acomoda a tu personalidad, sabiendo que en cualquiera te enfrentarás a grandes pruebas: los solteros se divierten, los novios viven enamorados, los casados padecen un compromiso obligatorio, los divorciados pagan pensión para ver a sus hijos y los viudos asumen su duelo.

¿Qué hacer para evitar relaciones kármicas? Detectar por qué buscamos o aceptamos situaciones donde no somos felices y, sin embargo, continuamente regresan a nosotros, en distinto tiempo y con nuevo rostro, para servirnos de espejo. Para sanar el alma hay que desnudarla, nombrar el daño y superar el trauma. Antes de ir a psicoterapia haz un recorrido de tu vida sentimental. Analiza la relación con tus padres cuando eras niño, tus primeros amores, rupturas de noviazgos y fracturas emocionales; así como aciertos, momentos de felicidad y añoranza familiar. Prueba nuevas opciones para romper viejos patrones de pensamiento.

"Setenta balcones y ninguna flor", dice mi ex Julián, como el poema del argentino Baldomero Fernández Moreno. Él conoce mis amoríos y espera que la tierra sea fértil para que alguno se plante y pueda saborear sus frutos.

Mi ideal sería conocer a un hombre que sea como un árbol frondoso en quien pueda descansar cuando no quiera brillar; que me dé confianza para tener frutos con él y en lugar de alejarme de mis sueños luche por sus ideales y me apoye con gusto: así ambos estaríamos satisfechos.

Pasamos muchas horas planeando lo que quizá no sucederá pero hemos aprendido a decretar nuestros deseos y la ilusión sirve de esperanza, por la cual despertamos con ánimo cada mañana. Valoremos más lo bueno que tenemos en nuestro presente y trabajemos en corregir actitudes que nos alejan de nuestros ideales; así seremos congruentes con nuestra realidad y a partir de nuestra honestidad capaces de mejorar. Antes de esperar que otra persona nos llene, llenemos nuestra vida amando lo que hacemos. Seamos felices el mayor tiempo posible que nos quede de vida, cerremos los ojos libremente para abrir el corazón en paz. En este mundo hay más de seis billones de habitantes, sentirse solo es una necedad. A la soledad le encanta acompañarnos para escucharnos; déjala entrar de vez en cuando, acéptala en tu vida cuando necesites regresar al origen de tu esencia y encontrarás la sabiduría necesaria para salir adelante.

Para la felicidad no hay receta, soltera o casada necesitarás fortaleza para sortear las dificultades, que son enseñanzas vivas de nuestra historia. La plenitud consiste en evolucionar, permanecer en búsqueda constante y encontrar conscientemente la verdad del momento. A veces conocemos el origen de nuestro vacío interno y sabemos a dónde queremos llegar; pero la ansiedad entorpece el camino que sólo nosotros podemos llenar con voluntad y amor, en lugar de justificarlo con egoísmo y miedo.

A nadie le gusta sentir dolor pero cuando aprendemos a venerarlo es porque algo bueno hemos aprendido. En el pasado está la enseñanza y en el futuro la esperanza; pero la única manera de superar el sufrimiento por lo que nos afecta ante la realidad es ser pacientes en nuestro proceso personal y aceptar nuestro presente como un regalo de la vida que golpea fuerte si no lo sabemos apreciar.

Si deseas compartir tus aventuras sentimentales, tu miedo a la soledad, desventuras amorosas o historias de éxito en soltería, puedes escribir al correo: confesiones@solteraperonosola.com

FRASES DE UNA SOLTERA PERO NO SOLA

Se me acabaron las ganas de verte, se me acabaron las ganas de quererte, se me acabaron las ganas de creerte, a ver si puedes regresar al ayer.

Presumiste ser hombre de palabra y en una semana te echaste para atrás.

Despertaste en mí muchas sospechas, por tus incongruencias te desenmascaré.

Harta de patanes me levanté un día, me preparé un café sin miedo a ser herida.

Se acabó mi deseo y la espera, regresaste pidiendo que volviera, guárdate el verbo, cobarde, retírate.

Con el corazón en la mano eres estrella fugaz, tienes alma de gitano, vienes, bailas y te vas.

En una noche de verano prendiste fuego a mi pasión, con tus movimientos paganos fui santa de tu inquisición.

Te extraño cuando es luna llena, me traiciona una fuerte ilusión de sellar con mi sangre tus venas y volver a hacerte el amor.

Te aplaudo, tus manos son el clavel que acaricia y eriza mi piel.

Te sigo, tu aroma seduce mi instinto de mujer fatal.

- Te pierdo, regresa mi Casanova, tu fuego es sobrenatural.

- Te olvido, aunque no quiera te irás, sin mirar atrás.

- En tus brazos soy hechicera, amante de la oscuridad. Tu magia es luz verdadera, me ciega y enseña a volar.

- Me gusta menear la cadera, a tu ritmo y sensualidad, enciendes en llamas la higuera, me dejas sin respirar.

- Dejé el traje de heroína en la tintorería, sin perder mi fuerza ni mi autonomía.

- Quiero descansar, mostrarme vulnerable, junto a un hombre que me quiera, que sea capaz de amar. Que valore lo que soy y lo que tengo, porque si intenta engañarme, jamás le volveré a creer.

- Quiero ser líder, ser invencible, quiero justicia en el amor, ser superhéroe para dos, para perderme por un día más allá del límite del universo.

- Como decía mi abuelita: "¡Abran bien los ojos y cierren bien las piernas!"

- Según wikipedia, patán es el idioma de Afganistán; pero según Elena Torres, patán es aquel que te quiere coger y tan tan.

- Sinónimos de patán: palurdo, soez, tosco, zafio, paleto.

- Supersoltera es la heroína que sobrevive a un mundo dominado por machos, defensora de su género y en busca de igualdad. Su criptonita son los patanes y su fortaleza el amor que puede dar.

- Abro la puerta, cambia el destino, busco un aliado a mis latidos, mis pecados, mi pasión; cierro mis ojos, busco un amor apasionado que sea leal, sincero y fiel. Quiero ir cerrando viejas heridas, desmaquillar las cicatrices que me marcaron de por vida.

- ¿En dónde se extravió el amor verdadero? Seguro en Venus o en Marte porque aquí en la Tierra nos hemos conformado con el falso amor: el que lastima, el que muere, el que sólo se encuentra en la cama o en euros para viajar a Europa.

- Casados significa "casa de dos", aunque a algunos patanes sus mentiras les rinden para mantener la "casa tres" o la "casa cuatro".

- Todos los hombres son cabrones, pero una vez casados deben elegir ser cabrones perros o cabrones gatos. ¿Cuántas veces has visto a dos perros aparearse? Seguramente varias pero a dos gatos lo dudo, por eso hay que ser cabrones gatos.

- Las abuelas que presumen sus bodas de oro se lo atribuyen a la ceguera: "A veces hay que cerrar el ojito para evitarse problemas." Qué aguante y tolerancia, yo me rehúso a la idea de hacerme pendeja.

- Una juez que ha casado a 37 mil parejas dice que la mayoría se casa por inercia pero que actualmente las mujeres, antes de firmar el convenio de matrimonio, se le acercan para preguntarle cómo firmar el del divorcio.

- Los anillos nupciales simbolizan un círculo sin principio ni fin y se coloca en el anular izquierdo porque la vena de este dedo está ligada directamente al corazón.

- Existen hombres casados pero no castrados que esconden su argolla de bodas para no ahuyentar a sus víctimas antes de seducirlas, aunque después no encuentran la manera de quitárselas de encima para que su esposa no se dé cuenta.

- En las bodas avientan las flores del ramo para hacerle creer a las señoritas que deben cacharlo antes de que se hagan marchitas… Digo, las flores.

- Las señoritas creen que casarse es un premio por el cual deben taclearse en las bodas para cachar el ramo, a ver si atraen a un gato que las mantenga.

- En la Edad Media el ramo era símbolo de castidad y renacimiento de la primavera, por eso las cortesanas colocaban una ramita afuera de sus casas para señalar disponibilidad a los caballeros deseosos de sus favores sexuales. Desde entonces a las prostitutas se les dice rameras.

- La boda dura unas horas, como el orgasmo unos segundos en la luna de miel.

- La clase media pertenece a los solteros porque nuestros ingresos alcanzan apenas para cubrir nuestras necesidades básicas y uno que otro lujo. Pero si llega un miembro extra al hogar, los ceros a la derecha de la cuenta bancaria disminuyen.

- Es más barata una plantita que un hijo. Si la riegas crece, pero si la riegas con un hijo las consecuencias son más graves.

- Un hijo merece lo mejor de sus padres, ¿alguien sabe qué es lo mejor? ¡Sólo Dios!

- Reproducirse es la única ley de vida opcional: naces, creces, te reproduces solamente si quieres y te mueres. Aunque hay hombres que parecen *gremlins*: apenas se mojan y se reproducen.

- Un amigo le dio anillo de compromiso a su chava porque tenían química y quería que fuera la madre de sus hijos. Creía que si el matrimonio no funcionaba, ella sería una excelente ex esposa.

- Un señor que murió viejo y abandonado, dijo que su error en la vida había sido casarse con la madre de sus hijos, en vez de haber elegido una compañera de vida.

- Cada quien tiene la pareja que le alcanza, y no me refiero a lo económico, sino a la autoestima.

- Si el matrimonio dejó de ser visto como algo tan bueno, el matrimonio ya no es visto como algo tan malo; sin embargo, no entiendo a quienes se quieren volver a casar y piden permiso a la iglesia para anular su primer matrimonio… Es como si te cosieras el himen para fingir virginidad.

- Parece que hoy en día la gente se casa porque está de moda divorciarse.

- Soledad es la ausencia de relaciones satisfactorias y comienza con la desintegración familiar. Se manifiesta con síntomas como depresión, insomnio, ansiedad, abuso de drogas y alcoholismo, enfermedades psicosomáticas para captar la atención de los demás y llegan al extremo del suicidio.

- Adán era soltero, por eso vivía en el paraíso.

- En México hay 7 800 000 madres solteras que no reciben un peso de los padres de sus hijos. Lo preocupante son esos niños que no gozan de una familia y crecen en soledad.

- Soltería viene del latín *solitarius*, sin pareja "formal" ante sociedad, ley o religión. Promiscuidad, si quieren, pero jamás soledad.

- Quienes tienen vocación para la vida religiosa renuncian al amor carnal de todos los hombres o mujeres por el amor de Dios.

- Quienes tienen vocación para el matrimonio, renuncian al amor carnal del resto de hombres o mujeres, por el de su pareja y los hijos.

- Quienes tienen vocación para la soltería, renuncian al amor de una pareja y los hijos por el amor hacia todas las personas. Lo malo es que no siempre están ahí cuando uno las necesita.

- Hay muchas formas de llenar el vacío: compras, trabajo, viajes, yoga, redes sociales en internet, helados, chocolates o vibradores.

- Quizá tuviste la suerte de conocer a tu alma gemela pero cometiste la estupidez de dejarla escapar, creyendo que te encontrarías a otra igual a la vuelta de la esquina.

- ¿Por qué si eres tan guapa, inteligente y simpática estás sola? ¡Pinche pregunta!

- Una madre necesita el mismo coraje para tener a un hijo que para sacrificarlo. ¿A favor o en contra del aborto?

- ¡Estoy hasta la madre de fingir que soy tarada para que un tarado se quede a mi lado!

- No necesito a un hombre que me haga feliz, más bien quiero a uno que no me haga infeliz.

- Single Pop es mi álter ego, una heroína que me defiende de los patanes y fortalece mi autoestima cada vez que me siento sola. Siempre carga armas para la batalla: condones, vibradores y el chocolatito *antifornication* que reduce el miembro masculino de los patanes hasta que se enamoren de verdad y a las mujeres les produce orgasmos múltiples con tan sólo una mordida.

- ¡Basta de misóginos que nos ponen piedras en el camino por su miserable *self esteem* y educación machista!

  ¡Mujeres!, sólo unidas podremos recuperar nuestro liderazgo.

- Aprendan a administrar el culo para que dejen de hacerse las víctimas. Elijan al que les gusta, el que les conviene y el que debe ser.

- Si elijes acostarte con el que te gusta, disfrútalo mientras dure porque no hay futuro con él.

- Si elijes al que te conviene, el intercambio de placeres debe ser simétrico o estás perdiendo el tiempo.

- Si elijes al que debe ser, es quien puede ser el padre de tus hijos, de quien no debes aceptar favores sino portarte muy bien.

- Las mujeres ya no queremos al príncipe azul sino al lobo feroz que nos ve mejor, nos escucha mejor y nos come mejor.

Algunas mujeres nos estamos convirtiendo en los hombres con los que nos hubiera gustado casarnos.

 Las personas tenemos mucho miedo al amor pero también mucho amor al miedo.

 Bésame sin expectativas, voy a entregártelo todo mientras me tenga a mí misma.

 Si regreso a tu boca es porque me fascinas.

 Impregnarme en tu piel es mi debilidad, porque sé que en cada parte de tu cuerpo llevarás mi nombre hasta la eternidad.

 Desnúdame de corazón y cuando te haga falta sentirás que no hay amor más fuerte que el amor.

 Desnúdame con tu pasión y no le busques más explicación, soy fiel esclava de mi libertad.

 Bésame sin expectativas, quiero sentir de cerca el calor que arde en tu pecho.

 Derretirme en tus latidos, quemar todas las penas.

 Perdernos sin razón, volver a comenzar.

 Cada paso junto a ti es sin miedo a que seas testigo de mi soledad.

 Hice el amor con el amor porque yo estaba enamorada, él respondió seductor, aun sin sentir nada.

 Como dice T. S. Eliot: "Espera sin expectativas pues tenerlas supondría esperar erradamente. Espera sin amor, pues sería amor a cosa equivocada. Hay todavía fe, pero la fe, el amor y la esperanza consisten en esperar."

 ¿Qué hay más, cabronas o patanes?

 Como dice mi maestro de psicología: "Te conozco más cuando conozco a tu pareja".

Imagínate que tuvieras que elegir a tu pareja como si fuera un par de zapatos para el resto de tu vida ¿Cuál elegirías?

 Los zapatos lujosos son como la pareja que presumes por donde caminas pero al final del día ya no los aguantas y te dejan los pies llenos de callos.

 Los zapatos Converse son como una pareja que quieres para platicar.

El amigo pantufla es con quien te sientes cómodo y no tienes que guardar las apariencias, como cuando andas en pijama.

 Quiero unos zapatos a mi gusto, de precio justo, no prestados ni apestados.

Los zapatos que te quedan grandes son como algunos hombres: aunque quieras ajustarlos a tu talla o les pongas plantilla, se te saldrán tarde o temprano porque no los llenas.

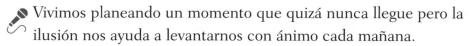 Los zapatos feos ortopédicos son como la pareja que no te gusta pero aguanta todas tus chingaderas y te ayuda a mejorar tus pasos.

Pasamos la mitad de nuestra vida arriba de ellos, digo, de los zapatos.

Si eligiéramos mejor a las personas que nos rodean, así como elegimos nuestros zapatos día a día, nos evitaríamos deformidades y nuestra vida sería más ligera.

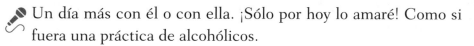 Vivimos planeando un momento que quizá nunca llegue pero la ilusión nos ayuda a levantarnos con ánimo cada mañana.

Si tienes una persona a quien abrazar esta noche y hacerle cucharita... ¡te felicito!, tienes un alto grado de tolerancia, comprensión y voluntad. Cuida tu relación, entrena tu voluntad.

Un día más con él o con ella. ¡Sólo por hoy lo amaré! Como si fuera una práctica de alcohólicos.

Si tu hígado se pudre cada vez que te acuestas con un bulto que apesta y no hay nada más que aprender, ya sabes qué hacer.

Ni todas las personas que amamos nos corresponden, ni todo el que nos ama es correspondido.

Las mujeres podemos ser tan patanes como los hombres pero los hemos culpado de insensibles, vividores y don Juanes, cuando lo que más deseamos es que entren sin temor. Ellos son el huésped que añoramos, pero aparecerá cuando nos perdonemos y aceptemos su imperfección como complemento de la nuestra.

Tengo una amiga lesbiana que sale con hombres para aprender sus tácticas y aplicárselas a las mujeres. Un día me dijo: "Si un hombre no te trata mejor que yo que soy vieja, no te merece."

¿Cuántas mujeres se presentan como solteras porque no hay un estado civil aceptable para decir que son amantes?

Las amantes viven a la sombra de la estabilidad familiar del susodicho, quien les brinda cariño pero jamás dejará a su esposa ni a sus hijos.

¿Cuántas divorciadas en crisis cazan antes de estar libres? Tienen un amante de transición, quien les brinda valor para dejar al otro cabrón, mientras se sienten deseadas nuevamente.

Las personas necesitamos un *fuck buddy*, un amigo que sabe ser cómplice con derecho a goce y a roce; puede durarte unos meses o toda la vida, pero llegará el momento en que le serás lealmente infiel. Es menos digno pero más honesto.

¿Qué dura más, el amor o la complicidad?

Un impulso pasional, un encuentro inesperado. Coincidimos un instante y ahora sólo pienso en ti. Un vicio que protege mi condición, evitar el compromiso. Manteniendo activa nuestra ilusión, juventud sin prisa, peligrosa tentación.

- Amor a distancia, eternamente enamorada. Nos une la añoranza, este amor a distancia se ha hecho imposible de olvidar.

- Quisiera con un beso el tiempo regresar, que fueras esta noche mi huésped inmortal. Deseo que en tu corazón tenga yo un lugar muy especial.

- Eres mi obsesión, un secreto prohibido, me provocas sudor, nostalgia y adicción.

- El amor propio no es narcisismo, es el egoísmo ideal del que hablaba Nietzsche y defiende Ann Ryan, quien lo define hasta cierto punto como una virtud.

- A partir de hoy y por voluntad propia, encuentra en la soltería un estilo de vida saludable, antes de enredarte con alguien por miedo a la soledad.

- Estamos solos cuando abandonamos a Dios y a nosotros mismos.

- Prometo serme fiel en lo próspero y en lo adverso, en la salud y en la enfermedad; amarme y respetarme todos los días de mi vida.

- Te declaro oficialmente *solter@ pero no sol@,* puedes besar a quien quieras.

- Voy a abrir el corazón, despedir a la depresión, el insomnio, los vicios y la ansiedad, pues sé que soy más fuerte ya.

- Voy a entregarme al placer, voy a hacer mi amiga fiel, pues la vida es un instante y los prejuicios desgastantes.

- De este mundo no me llevaré nada, lo dejo todo.

- Soy soltera pero no estoy sola, me acompaña mi felicidad, abro mis alas cada mañana, no estoy atada a nada a nadie, vivo en libertad.

- El amor no toca la puerta, entra cuando la encuentra abierta, llega con furor y calma y me desnuda en cuerpo y alma.

Nuevo amanecer en distinto invierno, hoy vuelvo a caer de un lejano cielo. Por favor perdóname por ser mujer infiel, rescátame de este infierno.

Por temor, colgué mis alas, me olvidé del amor. Sin pudor, mojó mis labios, me empapé de sudor.

Sin lamentos, nos enredamos y no me arrepiento, la carne es débil y no me arrepiento, de mis errores yo no me arrepiento, me robaste el alma.

Hoy por ti sé lo que es enamorarse, sin pensar, a decirte lo que siento, aprendí que no existe hombre perfecto. Dame más, disfrutemos el momento.

Hoy sin ti quiero repetir el viaje y extrañar cada rincón, contigo visitar el pasado compartido, vuelve a mí, la pasaste bien conmigo.